Vue de l'embouchure du Rio-Nunez. — Dessin de Sabatier d'après M. Lambert.

VOYAGE DANS LE FOUTA-DJALON,

EXÉCUTÉ D'APRÈS LES ORDRES DU COLONEL FAIDHERBE, GOUVERNEUR DU SÉNÉGAL,

PAR M. LAMBERT,

Lieutenant d'infanterie de marine.

TEXTE ET DESSINS INÉDITS COMMUNIQUÉS PAR LE MINISTÈRE DE LA MARINE ET DES COLONIES.

1860

Le Fouta-Djalon. — Arrivée au Rio Nunez. — Ce qu'est cette rivière. — Peuplades de ses bords. — Leurs mœurs et leurs coutumes. — Départ pour l'intérieur. — Mon prédécesseur Caillé.

Deux ans de séjour au Sénégal, plusieurs expéditions de guerre, et quelques explorations heureusement terminées venaient tout à la fois de m'acclimater au ciel et au sol africains et de surexciter en moi le goût inné des voyages lointains, lorsque, au commencement de 1860, M. le colonel Faidherbe, auquel notre colonie sénégalaise et la géographie des contrées voisines sont redevables de tant d'améliorations, voulut bien me confier une mission auprès des chefs du Fouta-Djalon.

Cette région montagneuse, qui termine non loin de l'Atlantique la longue ligne de reliefs orographiques nés sur les bords de la mer Rouge et dont on peut suivre les vastes sinuosités à travers toute l'Afrique, entre le 12° parallèle nord et l'équateur, est digne, à de nombreux points de vue, de fixer l'attention des géographes, des ethnologues et des économistes. De son plateau central s'épanchent, comme d'un réservoir commun, vers les quatre aires de l'horizon, les sources du Niger, du Sénégal et de vingt autres cours d'eau, artères de vie et de fécondité entre ce dernier fleuve et Sierra-Leone ; son sol granitique nourrit la population la plus forte, la mieux douée de l'Afrique occidentale, et la plus ouverte au souffle de la civilisation. Enfin c'est à travers ses défilés que le commerce européen du littoral trouvera la route la plus directe et la plus sûre pour atteindre les marchés du haut Niger et de ce Soudan vers lequel, depuis près d'un siècle, il tend à s'ouvrir des chemins.

Parti de Saint-Louis le 20 février 1860, avec le contre-maître de la marine sénégalaise Cocagne et le tirailleur indigène Koly-Goumba, qui composaient toute ma suite, le premier comme interprète, le second comme valet de chambre et cuisinier, je débarquai le 1er mars devant la factorerie du Bel-Air, à l'embouchure du Rio-Nunez, où je devais organiser une petite caravane et recueillir d'utiles renseignements sur les pays que j'allais traverser. Ces soins préliminaires accomplis, je me rendis à Kakandy, où je reçus de notre compatriote M. Soulon l'accueil cordial dont m'avaient déjà comblé les autres négociants du Rio-Nunez.

Ce cours d'eau, qui figure sur toutes les cartes comme un fleuve descendant du Fouta-Djalon, n'est en réalité qu'un étroit bras de mer, s'avançant dans les terres jusqu'à Kakandy, et ne recevant, un peu en amont de ce point, qu'un très-faible ruisseau : le Tiquilenta, issu de la première rangée de collines de l'intérieur. Du reste, rien n'est beau comme la navigation de cette espèce de *fiord* depuis l'Océan, rien n'est riche comme la végétation de ses bords et séduisant d'aspect comme les factoreries qu'y ont élevées nos compatriotes. Vittoria, Rapax, Kakandy ne demandent, pour devenir de véritables établissements coloniaux, qu'un peu de sécurité à l'endroit des tribus noires qui les entourent, et qu'un peu de protection contre leurs avanies. Kakandy surtout est un des sites les plus favorisés que j'aie jamais vus. Bâti en amphithéâtre au milieu de bosquets d'orangers, de bananiers et de manguiers, au vert et lustré feuillage, ce village a derrière lui un rideau d'arbres immenses et pour premier plan les eaux calmes et profondes du Rio-Nunez. Tous les produits de nos colonies réussiraient sur ce sol de promission, mais jusqu'à présent le commerce européen n'y exploite guère que les arachides et l'huile de palme; le café, si célèbre à bon droit sous le nom de *Rio-Nunez*, n'est encore récolté qu'à l'état sauvage sur les gradins des montagnes de l'intérieur.

Les indigènes de ces parages sont les Bagos, sur le littoral même de l'Océan, les Nalous, sur le cours moyen de la rivière, et enfin les Landoumas, autour et en amont de Kakandy. Ces derniers, qui sont encore les plus nombreux, formaient jadis, si on peut croire la tradition locale, un centre de puissance, réunissant non-seulement toutes les peuplades du bas pays, mais même une partie des tribus indigènes du Fouta-Djalon. Leur idiome, du reste, a beaucoup d'analogie avec celui des Djalonkés, qui semblent être eux-mêmes un rameau du grand tronc Malinké. Mais si les Landoumas ont jadis dominé dans cette partie de l'Afrique, ils sont bien dégénérés aujourd'hui, car ils ne sont plus capables que de piller les commerçants sans défense, ou les caravanes qui traversent, sans armes, leur territoire.

L'un des buts de ma mission étant d'activer le commerce du Rio-Nunez, je convoquai un *palabre*, ou assemblée solennelle, chez le roi des Landoumas, afin de l'engager à faire cesser les pillages qui écartaient des comptoirs européens beaucoup de caravanes. Escorté d'un résident européen de Kakandy, M. d'Erneville, et de deux traitants noirs, je ne craignis pas de parler en maître devant Sa Majesté et ses grands vassaux. Avec d'autres auditeurs que ces pauvres hères, mon langage eût pu être taxé de témérité. Mais eux, loin de s'étonner de mon admonition et de mes menaces, ne songèrent qu'à se disculper personnellement et à détourner de leurs têtes le courroux du gouverneur de Saint-Louis, dont je me faisais l'interprète: renonciation absolue à toute avanie, à tout pillage, respect inviolable envers les caravanes et les traitants, nulle promesse ne leur coûta à cet effet. Je dois ajouter, dès à présent, que l'apparition du colonel Faidherbe, qui toucha à Kakandy quelques mois plus tard, donna à mes paroles la meilleure sanction qu'elles pouvaient avoir, et ne contribua pas peu à maintenir les chefs landoumas dans leurs idées feintes ou sincères de réformes pacifiques.

Les Landoumas payent tribut à l'almamy du Fouta-Djalon, qui les considère comme de futurs néophytes pour l'islam. Jusqu'à présent toute leur religion consiste en certaines momeries, mélangées de ridicule et de terreur, et qui ont pour théâtres des bois sacrés dans lesquels il serait, encore aujourd'hui, fort imprudent à un profane de pénétrer. Ils croient que ces sanctuaires sont hantés par un être mystérieux, désigné sous le nom de *Simo*, et dont les apparitions fantastiques sont toujours le présage d'un malheur, ou au moins de quelque événement important.

Les Nalous, qui partageaient naguère ces croyances, se sont laissés envahir tout récemment par l'islamisme, à l'exemple de leur roi Youra, guerrier renommé, qui porte habit, veste et culotte, et s'est façonné à nos habitudes européennes aussi complètement qu'à nos vêtements. Son peuple, doué de plus d'activité et d'énergie que les Landoumas, servait autrefois d'intermédiaire entre les négriers et les tribus de l'intérieur. Grâce à nos traitants des bords du fleuve, ils ont maintenant abandonné ce métier pour s'adonner tout particulièrement à la culture de l'arachide, qui forme aujourd'hui la branche la plus considérable du commerce local.

Leurs voisins du littoral, les Bagos, sont de quelques échelons plus bas placés sur l'échelle sociale. Chacun de leurs centres de population ne consiste qu'en deux ou trois hangars bas, étroits et fort longs, où s'entassent en commun un grand nombre de familles, comme des bestiaux dans une étable. Rien ne peut donner une idée de la saleté de ces taudis, si l'on ne sait que leurs hôtes, aussi timides par nature que par superstition, ne se décideraient pour rien à sortir, une fois la nuit venue, de leurs cités immondes. Les écuries d'Augias n'étaient rien en comparaison.

Si sales qu'ils soient, les Bagos ne sont ni fainéants, ni besogneux: loin de là; ils élèvent de nombreux troupeaux et récoltent bien plus de riz qu'ils n'en peuvent consommer. Leur penchant au travail est entretenu par un des plus singuliers sentiments que puisse inspirer la vanité ou l'amour de la propriété. Lorsque l'un d'eux vient à mourir, il faut que sa famille puisse faire étalage sous les yeux du public de tous les biens qu'il a pu amasser pendant sa vie; il faut que les parents, amis et voisins, puissent dire au défunt: « Pourquoi nous as-tu quittés? Tu jouissais de l'affection des tiens et de l'amitié de tous ceux qui te connaissaient? Tu ne manquais ni de riz, ni de bœufs, ni de pagnes, etc.; pourquoi nous as-tu quittés? »

Puis ces paroles débitées et d'autres semblables, on livre aux flammes toutes les richesses du décédé, sans épargner le moindre grain de riz, et on ne laisse à ses enfants que le souvenir des vertus économiques de leur père. C'est à eux à s'efforcer, à son exemple, d'arriver à l'heure suprême avec des coffres bien garnis. Les négociants de Rio-Nunez, sachant l'usage que les Bagos font de leurs trésors, ne se font nul scrupule de troquer contre leur riz, leurs bœufs et leur huile, les plus chétives épaves de nos friperies européennes, et d'échanger, par exemple, contre une valeur de cent francs une statuette de plâtre valant bien cinquante centimes.

Pendant mon séjour à Kakandy, un chef foulah arriva dans cette localité. Abdoulaye, c'était son nom, gouvernait, sous la suzeraineté du chef de Labé, le district de Bouvé, la plus occidentale des provinces frontières du Fouta-Djalon. Il m'offrit de me conduire avec toutes les facilités désirables, non-seulement à travers son gouvernement, mais même jusqu'à Labé, dont le chef se chargerait ensuite de me faire parvenir auprès de l'almamy. Après de mûres réflexions, j'acquiesçai à ce mode hié-

rarchique de voyage, au risque de payer un peu cher la
protection de ces seigneurs féodaux. Puisque j'allais
me trouver à la merci des Foulahs, dès que j'aurais dépassé Kakandy, autant valait que ce fût à celle d'Abdoulaye, qui avait, de fois à autre, des intérêts à régler dans
ce comptoir. Cet arrangement donnait à mon voyage un
caractère aussi officiel que possible, et j'y trouvais des
garanties pour ma personne et pour mes bagages : car
il est rare que les noirs, même les plus sauvages, mal-
traitent un envoyé chargé d'une mission ostensible.

En conséquence, moyennant quarante et un francs en
espèces et quelques provisions, Abdoulaye dut me fournir dix porteurs pour remplacer les ânes et les chevaux
que je n'avais pu trouver à Kakandy, et le 8 mars, après
avoir dépêché en avant mes gens et mes bagages, je
m'éloignai de Kakandy, suivi de M. d'Erneville et de
tous les négociants de cet établissement, qui voulurent
m'accompagner jusqu'à ma première étape.

Presque au sortir de Kakandy, le sol s'élève sensible-
ment; bien que parfaitement boisé et coupé de nombreux
ruisseaux, il est, dans cette première partie de la route,
couvert de roches et de pierres ferrugineuses. Après trois
heures de marche, la nuit nous surprit loin de toute habitation, et, et à la suite d'un repas copieux préparé par
les soins de M. d'Erneville, mes compagnons, roulés dans
mes couvertures ou d'autres parties de ma garde-robe,
s'endormirent sans autre toit que la voûte du ciel. Quant
à moi je ne pus fermer l'œil. On n'entreprend point un
voyage de la nature de celui que j'allais faire, sans
éprouver quelque émotion. Si d'un côté je ne me dissi-
mulais pas qu'il serait pénible, peut-être dangereux, de
l'autre l'utilité qui pouvait en résulter pour la science
et pour mon pays me berçait d'espérances et d'illu-
sions. Et puis, à vingt-quatre ans, on trouve tant de
charmes dans l'imprévu! Ces pensées me bercèrent
jusqu'au point du jour; alors, après avoir pris encore une
fois une tasse de café avec les derniers Européens que
je dusse voir de longtemps, je me séparai d'eux, empor-
tant leurs encouragements et leurs vœux.

C'est ainsi que je m'élançai, à mon tour, sur cette
route que, trente-trois ans auparavant, avait parcouru
l'intrépide Caillé dont le nom, en dépit de quelques
envieux, est devenu une des gloires de la France. En
suivant les traces d'un pareil devancier, le voyageur
peut compter sur l'exactitude des renseignements et sur
la justesse des itinéraires. C'est ce que j'ai pu constater
bien souvent, et je suis heureux d'apporter ici mon humble pierre au monument que ce pauvre enfant du peuple,
sans autre lumière que son génie naturel, sans autres ressources que son indomptable énergie, a su se construire
dans le vaste champ des découvertes de notre siècle.

Paysages et forêts. — Les singes cynocéphales. — Majestueuse len-
teur d'un prince africain. — Caravane de Sarrakolés. — Les
rives du Cogon. — Le carême musulman. — Les partis poli-
tiques du Fouta-Djalon.

Si mes pensées s'étaient revêtues pendant la nuit d'une
teinte grave et sombre, la marche et le grand air ne tar-
dèrent pas à leur rendre leur insouciante vivacité habi-
tuelle. Il eût été difficile, d'ailleurs, de résister aux charmes des solitudes qui s'ouvraient devant moi, en fascinant
à la fois la vue, l'ouïe et l'odorat. Des oiseaux, du plu-
mage le plus vif et le plus varié, voletaient d'arbre en
arbre, tandis que, dans les profondeurs sonores des bois,
leurs gazouillis se mêlaient aux murmures de nombreux
ruisseaux, au susurrements d'innombrables essaims; du
fond des taillis et du sein des troncs séculaires s'exhalait
une pénétrante odeur de miel, tempérée par l'arome des
fleurs où butinaient les abeilles. De toutes parts, au-dessus d'un épais sous-bois toujours vert, s'élevaient des arbres gigantesques dont nos plus hautes futaies ne peuvent donner l'idée. Là domine le majestueux bombax,
à l'immense ramure, aux longues siliques pleines d'une
bourre soyeuse qui appelle les regards et les soins de
l'industrie; là frémit l'élégant feuillage du netté, le plus
beau spécimen de la grande famille des légumineuses, et
que la Providence semble avoir répandu dans tout le
Soudan, afin d'alléger autant que possible aux habitants
de cette contrée, le tribut de sueur dont tout homme doit
payer son pain quotidien. Le netté, sorte de févier, porte
un fruit, semblable pour la forme à une gousse de hari-
cot, mais qui contient entre ses graines une fécule sucrée
et substantielle, dont toutes les caravanes font leur nourriture presque exclusive pendant les mois d'avril, mai et
juin. Je m'étonne que les nègres idolâtres, qui font des
dieux de tout, n'aient pas mis cet arbre précieux au rang
de leurs fétiches.

Je n'ai vu, dans ces bois, nulle trace de bêtes féroces;
mais les singes cynocéphales[1] y abondent. Dans une
clairière ouverte au sommet d'une colline, nous en ren-
contrâmes une bande nombreuse qui parut ne nous céder
le passage qu'avec regret. A mesure que nous avancions,
ils reculaient lentement devant nous, s'arrêtaient à quelques pas du sentier, nous regardaient avec étonnement,
puis, quand ils nous voyaient faire un geste, un mouve-
ment brusque ou inquiétant, ils disparaissaient dans le
fourré, bondissant et aboyant comme une meute de do-
gues.

Le soir venu, nous nous arrêtâmes au bord d'un charmant ruisseau, égayant du murmure d'une petite casca-
telle le silence de la solitude, et là, après avoir soupé
d'une sardine et d'un biscuit détrempé dans un verre
d'eau fraîche mélangée d'un peu d'eau-de-vie, je m'éten-
dis sur un lit de feuilles préparé par Kolly, mon servi-
teur sénégalais, et je m'endormis aussi profondément,
plus profondément peut-être que si j'avais été entouré
de draperies soyeuses et de lambris dorés.

Le lendemain je gagnai Oréoussou, où Abdoulaye m'a-
vait donné rendez-vous. C'est un joli hameau, d'une
trentaine de cases ombragées de bouquets de bananiers
et d'orangers. Mais, en dépit des libéralités de la nature,

1. *Cynocéphale mandrill.* — *Cynocephalus mormon* de Desmou-
lins. — Chassant un jour au bord du Sénégal, je vis une troupe
de ces animaux assaillir à coups de pierres un des hommes de sa
suite qui venait de tirer et de tuer l'un d'eux. Ils disputèrent vail-
lamment au chasseur le cadavre de leur congénère, et il fallut
l'intervention de tous mes gens pour leur faire lâcher pied.

Les rives du Gayen. — Dessin de Sabatier d'après M. Lambert.

ses habitants sont pauvres, le voisinage de Kakandy les exposant fréquemment aux visites souvent malveillantes et toujours ruineuses des princes foulahs.

C'est dans cette localité que je fis la première expérience des lenteurs et des retards dont mon noble protecteur, le prince Abdoulaye, devait entraver mon voyage. Je ne sais lequel de mes devanciers en Afrique, Richard Lander, je crois, a dit que sur ce continent la majesté d'un chef, roi ou hobereau quelconque, se mesurait à sa nonchalance. A ce titre Abdoulaye est l'homme le plus majestueux que j'aie jamais rencontré : il n'arriva à Ouréoussou que trente-six heures après moi : trente-six heures de retard sur quarante kilomètres! il en employa encore vingt-quatre à se reposer, et lorsque ce temps écoulé, je forçai la consigne pour pénétrer jusqu'à lui et secouer sa torpeur, il n'imagina d'autre moyen pour calmer mon impatience que de m'offrir un bœuf pour souper. Sachant bien que les pauvres villages avaient

Les pics du mont Séniaki (voy. p. 379). — Dessin de Sabatier d'après M. Lambert.

seuls fait les frais de ce festin de Gargantua, je le refusai nettement au grand étonnement d'Abdoulaye qui ne comprenait pas plus ma réserve à cet égard que mon empressement à continuer mon voyage. Après de nouvelles tergiversations il finit par m'offrir trois porteurs au lieu de dix qui étaient indispensables au transport de tous mes ballots, me proposant de se charger lui-même du gros de mes bagages pendant que j'irais en avant l'attendre à Guémé, lieu situé à soixante-dix kilomètres sur la route de Labé. — Il croyait peut-être que je refuserais cette proposition, mais je le pris au mot, lui confiai sept ballots de marchandises diverses ou de provisions que je croyais bien ne plus revoir, et je repris la direction de l'est avec mes deux fidèles Sénégalais et mes trois porteurs.

Après avoir parcouru pendant toute une journée un plateau boisé et de nature ferrugineuse qui termine au levant le bassin du Rio-Nunez, nous atteignîmes l'arête

Les chutes du Tomine (voy. p. 380). — Dessin de Sabatier d'après M. Lambert.

d'un escarpement de cent à cent cinquante mètres de hauteur, d'où l'on redescend dans la vallée du Cogon. La pente rapide conduisant à cette rivière était garnie de gens de tout sexe et de tout âge. Je crus avoir devant moi la population de quelque village voisin : c'était simplement une caravane de Soninkés ou Sarrakolés en marche vers la côte, où ils allaient acheter du sel chez les Bagos. Ils témoignèrent une grande joie en apprenant de moi qu'ils pouvaient désormais commercer librement avec Kakandy, ou tout autre point du Rio-Nunez, sans avoir rien à redouter des Landoumas, et que la France aurait désormais les yeux ouverts sur ce pays pour y prévenir le renouvellement des anciens désordres. Puis, comprenant parfaitement les résultats utiles que mon voyage auprès de l'almamy pouvait avoir pour les relations de l'intérieur avec la côte, ils me félicitèrent hautement d'être chargé d'une telle mission.

Tout cela ne les empêcha pas de me proposer un

mouton des plus maigres pour trois fois sa valeur. Mais, que voulez-vous? les Soninkés passent à bon droit pour les juifs de l'Afrique, et leurs instincts mercantiles sont à l'épreuve de tout enthousiasme.

Leur chef, cependant, m'envoya un peu plus tard une glane d'oignons et un pot de miel, à titre de cadeau, auquel je ripostai par quelques biscuits et un peu de sucre. Cet échange de bons procédés se fit à travers le Cogon, que j'avais traversé, pour établir mon bivac sur la rive opposée à la montagne où campait la caravane.

Cette rivière, large de quarante à cinquante mètres, roule ses eaux calmes, limpides et profondes de trente à soixante centimètres, sous une épaisse et fraîche voûte de verdure, formée de bombax et de nettés entrelacés et liés les uns aux autres par un lacis de lianes, dont les tiges sarmenteuses, courant de branches en branches, se balancent au-dessus des eaux en capricieux festons, en innombrables guirlandes de feuillage et de fleurs. C'est un de ces sites qui font momentanément oublier la patrie.

Le Cogon, que jusqu'à présent toutes les cartes ont confondu avec le fleuve de Kakandy, est un cours d'eau très-distinct, dont le volume dépasserait de beaucoup celui du Rio-Nunez devant Kakandy, à la marée basse. Je m'assurai que son bassin, après avoir contourné du sud au nord l'extrémité de la vallée du Taguilenta (haut Rio-Nunez), court ensuite droit à l'ouest jusqu'à la mer, en demeurant également indépendant du Rio-Grande au nord, et du Rio-Nunez au midi.

La route que je suivais, traversant à leur extrémité supérieure les vallées des affluents de la rive droite du Cogon, est fort accidentée, fort pittoresque, mais des plus fatigantes. Aussi j'arrivai harassé, le deuxième jour, au village de Guémé, où, malgré mon vif désir de pénétrer le plus tôt possible au cœur du Fouta-Djalon, je fus forcé de séjourner : d'abord par une indisposition assez grave, premier tribut payé à mon nouveau genre de vie, puis par suite de l'arrivée d'Abdoulaye et de ses lenteurs habituelles.

Guémé, peuplé de deux à trois cents âmes, est agréablement situé sur un mamelon adossé à une magnifique forêt et dont la base est arrosée de nombreux ruisseaux. Tout est propre et bien tenu dans ce village, les rues comme les cases. Si celles-ci sont petites, si leurs portes sont si basses qu'on ne peut guère y pénétrer qu'en rampant, en revanche les habitations sont séparées les unes des autres par des clayonnages ou des haies vives d'euphorbes (*curcas hurgens*), et le sol des cours, formé d'un bon gravier, ratissé avec soin, toujours ombragé d'un ou de plusieurs vieux orangers, est encadré d'une bordure de bananiers ou de papayers. Le nom de ce village, qui signifie *réunion* en langue foulane, vient, dit-on, de ce que ce lieu servit d'asile jadis à des Mandingues fuyant devant l'invasion des Foulahs. Ils y échappèrent assez longtemps au joug des envahisseurs, de même que toute la province de Bouvé, dont le nom a la même signification que le mot *marche* dans l'histoire de notre moyen âge européen.

Lorsque, au bout de huit jours de repos dans cette charmante localité, je voulus me remettre en route, je me retrouvai en face de la nonchalance d'Abdoulaye. — Ses femmes, qu'il menait partout avec lui, se plaisaient à Guémé; et puis le lendemain, 23 avril, était un vendredi : toute la population des environs venant à la mosquée ce jour-là, il comptait sur cette affluence pour me recruter des porteurs; il valait donc mieux remettre mon départ au 24. Force fut d'y consentir; mais le soir de ce même vendredi coïncidait avec le lever de la lune du Ramadan, et chacun autour de moi ayant célébré cette première heure du carême musulman comme on fête en Europe les derniers moments du carnaval, c'est-à-dire par des bombances et des repas sans fin, il fallut consacrer la journée du samedi à l'immobilité, à l'abstinence et aux dévotions. Car il ne faudrait pas croire, par les débuts du Ramadan, que cette période religieuse n'ait rien de sévère. Loin de là, elle est, au contraire, d'une très-pénible observance. Tant qu'elle dure, nul musulman ne peut ni boire, ni manger, ni fumer, ni même mâcher le *gourou*[1] entre le lever et le coucher du soleil. Les Foulahs, très-austères observateurs du Koran, n'ont garde de transgresser ses prescriptions à l'égard du jeûne, et dans ces climats brûlants, la privation d'eau surtout est une dure pénitence !

Le 25, mêmes délais de la part d'Abdoulaye, et quand le 26 je me présentai chez lui pour partir, il n'était pas plus prêt que les jours précédents. J'en obtins à grand'peine un guide, avec lequel je me mis en route, laissant encore une fois tous nos bagages en arrière avec le prince foulah. J'ai su depuis que le principal motif de ses retards était la perception de l'impôt pour lequel il était en tournée dans son gouvernement.

Au hameau de Compéta, où je m'arrêtai pour la nuit, je rencontrai un Foulah, qui, très-activement mêlé à la politique du Fouta-Djalon, put enfin m'expliquer clairement l'état des affaires de ce pays. Je savais, et par la relation de M. Hecquard, et par les renseignements recueillis à la côte, que depuis une quinzaine d'années deux partis rivaux, dirigés par deux compétiteurs issus du même sang, Sori Ibrahima et Oumar, se disputaient le pouvoir dans cette contrée; mais j'ignorais que, par suite d'une entente entre les deux prétendants, Sori Ibrahima, dont M. Hecquard avait tant eu à se plaindre, venait d'être proclamé almamy pour deux ans. Si contrariante que fût cette nouvelle pour moi, dont toutes les sympathies étaient pour Oumar, à cause de ses tendances vers la France, je dus me retrancher dans mon caractère officiel et dire à mon informateur qu'étant envoyé auprès de l'almamy régnant, c'était à celui-ci seul que j'avais affaire, et que, si grand désir que j'eusse d'entrer en relation avec Oumar, je n'irais cependant

---

1. Le *gourou* est une sorte de fève, qui dans les régions du Rio-Nunez remplace la noix de Kolat des pays soudamens. — C'est comme ce dernier fruit un astringent et un tonique. L'un et l'autre, quand on les mâche, produisent dans la bouche une saveur amère qui devient sucrée et parfumée dès qu'on boit une gorgée d'eau. Tous deux calment la faim et préviennent les coliques. J'en ai fait bien souvent l'expérience et je signale ce fait à l'attention de la science médicale.

le voir qu'avec l'autorisation de Sori Ibrahima. Grand partisan d'Oumar, mon interlocuteur était cependant trop un politique pour ne pas comprendre ma réserve diplomatique; il m'en fit même compliment, et, passant à un autre ordre d'idées, me parla fort au long du Rio-Nunez. Je lui défilai sur ce chapitre mon chapelet habituel, et je crois devoir faire observer à ce sujet que le voyageur doit bien se garder, en Afrique, d'être avare d'explications, car les hommes, avec lesquels vous êtes entré une fois en conversation suivie, sont trop fiers de la confiance que vous avez paru leur témoigner, pour vous supposer des intentions secrètes; ils se hâtent de propager vos discours comme une bonne nouvelle, et se font vos défenseurs officieux auprès des chefs et des populations.

Un héraut d'armes foulah. — Version africaine d'une relation anglaise. — La vallée et les chutes du Tominé. — Villages et population des montagnes. — Les blancs anthropophages.

A l'est de Compéta commence la ligne de faîte qui sépare le bassin du Cogon de celui du Tominé, principal affluent du Rio-Grande. On la franchit par la passe ou col de Nadé-Koba, dont j'estime la hauteur absolue à deux cent cinquante mètres au-dessus du niveau de la mer. De son sommet on domine de belles vallées, courant à l'est, et la vue s'étend dans cette direction jusqu'au mont Seniaki, dont les deux pics mamelonnés bordent à l'horizon la rive droite du Tominé.

La descente du Nadé-Koba, formée d'assises d'ardoises simulant des gradins aussi escarpés qu'irréguliers, est aussi pénible que difficile pour un homme seul; je n'en vins à bout qu'en me cramponnant aux angles de ces marches naturelles. Comment mon cheval arriva-t-il en bas sain et sauf? c'est ce que je cherche encore à m'expliquer.

Pendant que je songeais à ce problème, je vis venir à moi un indigène qui m'aborda comme un héraut d'armes antique en énonçant ses noms et qualités et l'objet de sa venue. Il portait le nom euphonique d'Alpha Kikala, et venait, au nom du chef de Labé, s'informer des motifs exacts de mon arrivée dans le pays. Satisfait de mes réponses, que je m'efforçai d'élever au diapason de ses demandes, il se rangea à mes côtés, et dès ce moment devint mon guide officiel jusqu'à Timbo : guide précieux ! car il savait par cœur tout le Fouta-Djalon, et, partout où j'ai passé, j'ai pu constater, l'itinéraire en main, l'exactitude des moindres renseignements géographiques qu'il m'avait donnés à l'avance. Il ne connaissait pas moins bien les traditions que la topographie de son pays; j'en eus la preuve quelques instants après sa rencontre.

Nous nous trouvions dans un site charmant; un torrent débouchant devant nous, à travers des rocs entassés, courait, en bondissant, arroser de magnifiques prairies semées de bouquets d'arbres gigantesques, derrière lesquels on entrevoyait les hauts sommets qui bordent le Tominé. Devant ce grand spectacle, qui sous plus d'un rapport me rappelait quelque site embelli de ma

chère vieille Bretagne, je me réjouissais, je l'avoue, d'être le premier Européen qui l'eût contemplé, lorsque Kikala mit fin à ce sentiment légèrement vaniteux et égoïste en m'apprenant et le nom du torrent, Yangolé (l'Anglais), et les circonstances qui lui ont valu cette appellation peu africaine.

A l'époque où lui Kakala était encore enfant, des blancs avaient voulu pénétrer par cette vallée dans le Fouta-Djalon. Ils étaient nombreux, marchaient en caravane, dans laquelle figuraient plusieurs chameaux et quarante ânes chargés de marchandises. Leurs chefs escaladèrent les sommets du mont Seniaki, pour examiner le pays, et notaient sur leurs livres tout ce qu'ils voyaient. Mais au passage d'un cours d'eau, qui a été aussi baptisé d'après eux (le Tiangol-Porlebé, ou ruisseau des blancs), plusieurs d'entre eux se noyèrent et ils perdirent toutes leurs bêtes de somme.

La défense que fit l'almamy à ses peuples d'entrer en relation avec des étrangers qui avaient eu le tort d'arriver sans guides et sans explications préalables, fut interprétée de manière qu'en refusant de leur vendre quoi que ce fût, même de l'eau, on ne se fit faute de les harceler et de les piller. Tous périrent de misère; le dernier survivant, après avoir été fait prisonnier, puis relâché, vint mourir sur les bords du ruisseau qui prit, d'après lui, le nom de l'angolé. Mais il faut ajouter, pour la moralité de l'histoire, que tous les Foulahs qui avaient touché aux marchandises des blancs eurent une fin aussi malheureuse que leurs victimes.

Ainsi dit Alpha Kikala.

En calculant l'âge du narrateur, et en tenant compte de l'exagération bien naturelle d'un récit transmis de bouche en bouche depuis plus de quarante ans, je démêlai facilement dans cette légende un fait réel : la tentative malheureuse que les Anglais firent en 1817 pour pénétrer vers le Niger par la voie de Fouta-Djalon, et qui échoua effectivement à mi-chemin de Kakandy à Timbo. — Les lignes suivantes, empruntées à un livre consacré aux découvertes africaines, peuvent faire juger du degré de fidélité de la version africaine de cette simple histoire :

« Le capitaine Campbell, chargé du commandement de cette expédition, ne put aplanir ou surmonter les obstacles que lui opposèrent l'état d'anarchie du Fouta-Djalon et le mauvais vouloir des chefs. Après bien des négociations infructueuses, pendant lesquelles la caravane perdit ses chameaux, ses chevaux, toutes ses bêtes de somme, Campbell fut obligé de revenir sur ses pas. Bien qu'il n'eût à regretter que la perte *d'un seul homme sur cent qui lui avaient été confiés*, l'insuccès de sa tentative et les contrariétés éprouvées l'affectèrent tellement, qu'il mourut avant d'avoir regagné la côte. Caillé vit son tombeau auprès de Kakandy[1]. »

En réfléchissant à quels écarts d'amplification peut se laisser emporter l'histoire orale, je gagnai l'endroit où

1. *Le Niger et les explorations de l'Afrique centrale*, par F. de Lanoye.

je devais passer la nuit, et là, sur mon lit de feuilles accoutumé. Je rêvai toute la nuit aux oranges bases que la rhétorique des siècles antérieurs à l'invention de l'écriture a dû donner à nos annales les plus classiques et les plus révérées.

Le lendemain, à peine en marche, je fus entraîné hors du sentier tracé, par le bruit d'une forte cascade, retentissant à ma gauche, sur le couvert d'un bois épais. Un magnifique spectacle m'y attendait. Le Tominé, barré un peu plus haut par une large bande de roches schisteuses, s'est frayé, à travers les fissures de cette digue naturelle, un grand nombre de chenaux couverts, véritables tuyaux de conduite, par lesquels toute la masse de ses eaux se précipite, de différentes hauteurs, dans un vaste bassin circulaire, bordé de roches moussues et d'arbres séculaires. Je m'arrêtai une demi-heure devant ces chutes pour en faire un croquis ; je leur aurais volontiers consacré de longues heures, mais le temps me pressait.

Du reste, tout le bassin du Tominé abonde en effets pittoresques. Le peintre et le géologue peuvent y faire également de fructueuses études. Sa vallée centrale et les vallons parcourus pas ses tributaires peuvent différer, il est vrai, d'étendue et de végétation : ainsi l'une est dans toute sa longueur couverte d'un rideau de verdure, tandis que quelques-uns des autres (les rives du Rio-Dounso, par exemple) ne nourrissent de loin en loin que de maigres palmiers ou des buissons rabougris, mais tous présentent le même caractère géologique. Tous profondément creusés dans une masse granitique de formation uniforme, sont bordés de parois perpendiculaires, hautes de deux cent cinquante à trois cents mètres, simulant souvent des fortifications gigantesques, où rien ne manque, escarpes, bastions, angles saillants et rentrants, et toujours surmontées d'un énorme talus d'une élévation double. La vue que je suis parvenu à prendre d'un de ces paysages, et qui m'a coûté tout un jour d'ascension le long de ces escarpements vertigineux, semés de blocs granitiques des formes les plus bizarres, a été si admirablement interprétée par l'intelligent crayon de M. Sabatier, que je puis y renvoyer le lecteur en toute assurance. Elle peut tenir lieu de renseignements techniques sur cette grande et étrange nature (voy. p. 381).

Si pittoresques que soient toutes ces vallées, elles demeurent incultes et inhabitées ; la forme, l'élévation des parois qui les encaissent, et l'étendue des pentes qui les dominent, les exposent à des inondations terribles pendant la saison des pluies, c'est-à-dire pendant plus de la moitié de l'année. Chaque ravin est alors un torrent, chaque vallon un canal coulant à plein bord, et l'ensemble de tout le bassin du Tominé un grand lac tumultueux. Le nom indigène de cette région est assez significatif : *Donhon*, abréviation de *Dongon-ol*, pays des eaux. On n'y trouve d'habitations que sur le haut des plateaux. Elles y sont, du reste, très-rapprochées, et s'y divisent en deux catégories : les foulahsos ou villages de pasteurs foulahs, et les roumddés (oroundés de Caillé) ou hameaux d'esclaves, chargés de cultiver les terres de

leurs seigneurs et maîtres, dont la demeure est parfois très-éloignée.

Caillé parle à plusieurs reprises, de la douceur, des vertus hospitalières de cette population agricole ou pastorale : je n'eus moi-même qu'à m'en louer. Un soir, c'était auprès du village de Pamhoye, un Foulah vint me proposer de lui acheter une charge de bois et soixante oranges, pour deux coups de poudre. Au risque de passer à ses yeux pour un trafiquant peu habile, je lui donnai le double de ce qu'il me demandait. Jamais vendeur ne fut plus joyeux et plus reconnaissant que celui-là. Il partit en me promettant de me fournir de la volaille le lendemain, quand je passerais par son village, situé à quelques lieues plus loin. Quelques heures après, assis devant un grand feu, je pelais mes oranges tout en songeant à la quantité de bien-être qu'on peut se procurer dans le Fouta-Djalon pour *dix* centimes de poudre, quand je vis revenir mon homme suivi, cette fois, d'une jeune fille. C'était sa sœur, qu'il menait voir l'*homme blanc*. Intimidée devant un spectacle aussi étrange, la pauvre enfant s'avançait lentement, faisant bien un pas par minute, et laissa prudemment mon foyer entre elle et moi. Enfin, encouragée par son frère, elle s'arma de résolution : comme quelqu'un qui se précipite tête baissée dans le danger, elle vint à moi d'un pas fébrile et me tendit la main. Elle tremblait comme une feuille de bouleau, et, interrogée sur la cause de son trouble, restait muette comme une statue. — « Elle croit, me dit son frère, que les blancs mangent les noirs. » A cet aveu je fus pris d'un fou rire, accès de gaieté, qui, pour tranquilliser cette jeune imagination africaine, eut plus de force que les raisonnements les plus logiques ; un collier de verroterie acheva de la rassurer.

Ce fait peut paraître puéril ; mais il s'est reproduit si souvent pendant mon voyage ; j'ai trouvé la croyance en notre anthropophagie si profondément enracinée non-seulement chez les femmes et les enfants, mais même parmi les hommes de cette partie de l'Afrique, que je n'ai pas cru devoir le passer sous silence. Quelques Foulahs ont même été jusqu'à préciser devant moi les détails les plus circonstanciés de nos prétendus festins de cannibales. Je ne pourrais les énumérer tous ; je me rappelle seulement qu'ils y font figurer une cloche et une grande marmite.

J'ai entendu attribuer ces bruits à la malveillance des marabouts maures, qui voudraient éloigner de nous leurs néophytes noirs ; ne sont-ils pas plutôt la conséquence naturelle de la traite des esclaves et de l'effrayante consommation d'Africains que cette infâme institution a faite depuis trois siècles ? Sur les deux cents millions de nègres, achetés pour l'Amérique pendant cette période de temps, combien sont rentrés sur le sol natal pour y témoigner de l'emploi auquel les avaient destinés les marchands de chair humaine ?

Le lendemain je passai par une pente rapide mais revêtue d'une magnifique végétation forestière dans le bassin du Kakriman, et quelques heures de marche à l'ombre des bois, le long d'un cours d'eau, le Digué, ali-

Le Bassin de Tonnac. — Dessin de Sabatier d'après M. Lambert.

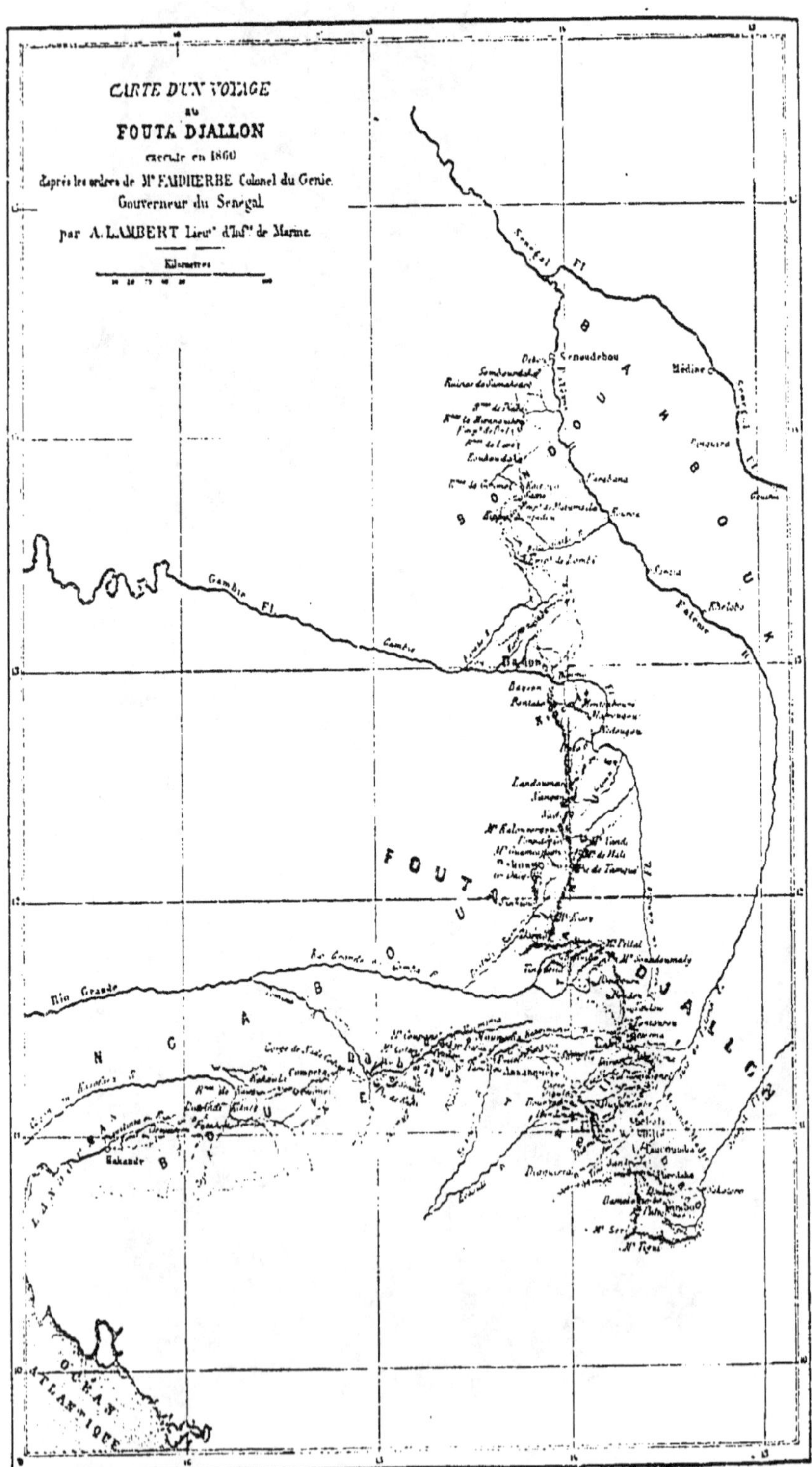

CARTE D'UN VOYAGE
au
FOUTA DJALLON
exécuté en 1860
d'après les ordres de Mr FAIDHERBE Colonel du Génie.
Gouverneur du Sénégal
par A. LAMBERT Lieut d'Inft de Marine.
Kilomètres
OCÉAN ATLANTIQUE
Rio Grande
Gambie Fl.
Senegal Fl.
Médine
Sénoudebou
FOUTA
DJALLON

menté par une infinité de sources et de ruisseaux se précipitant en cascades des hauteurs environnantes, m'amenèrent au foulahso, où mon vendeur de la veille m'avait donné rendez-vous. Je ne tardai pas à le voir paraître, ainsi que sa jeune sœur: l'un, portant cinq poulets qu'il me céda pour trois coups de poudre, l'autre, amenant toute la population féminine de la localité, pour me contempler et admirer, plus encore que ma personne, le courage avec lequel elle me donnait la main. Je ne tardai pas à remarquer, — observation humiliante pour mon amour-propre, — que mon individu n'était pas le seul, dans ma caravane, a éveiller l'effroi ou l'admiration de ces bonnes gens. Mon cheval, mes ânes mêmes avaient leur part dans ces sentiments. Les rares caravanes qui traversent cette région ne consistant qu'en piétons, ses habitants n'ont jamais vu de bêtes de somme et ne connaissent d'autres animaux domestiques que le bœuf et les brebis. — « Voilà de bien beaux moutons, » disait une bergère en montrant mes ânes; — « son bœuf est bien maigre, » objectait un autre en désignant mon cheval. — « Oh! quant à cette longue figure, — murmurait une vieille femme, plus avisée que ses jeunes compagnes, — je ne m'y fierais pas; ça doit manger le pauvre monde! »

Après avoir quitté cette population naïve et laissé derrière moi de nombreux foulahsos éparpillés le long des pentes inclinées à l'orient, j'atteignis vers le milieu du jour les bords du Kakriman [1], rivière large de douze à quinze mètres en cet endroit, et qui roule droit au sud ses eaux rapides sur un lit de roches noirâtres. Cette dernière circonstance, jointe à l'ombre épaisse des grands arbres qui entre-croisent leurs rameaux d'une rive à l'autre, projette sur son cours une teinte sombre et sauvage. D'après Kikala, mon guide-géographe, cette rivière, loin d'être l'origine du Rio-Pongo, comme quelques cartographes l'ont pensé, courrait jusqu'à la mer parallèlement au Scarcies, et serait par conséquent identique avec le Kissi-Kissi des cartes anglaises. Quant au Rio-Pongo, ce n'est, comme le Rio-Nunez, qu'un bras de mer sans autres tributaires que des ruisseaux de peu d'importance.

Les montagnes arrosées par le Kakriman et ses nombreux affluents, bien que fort abruptes, offrent d'excellents pâturages aux pasteurs foulahs, et, comme dans ces régions privilégiées les troupeaux n'ont pas à redouter les bêtes féroces, on les voit partout paissant à l'aventure. Ils ont repris sur ces hauts plateaux la vivacité et la souplesse que la domesticité leur a ravies d'ordinaire. Il m'est bien souvent arrivé de contempler avec étonnement un bœuf perché sur quelque escarpement à pic, comme une chèvre dans nos climats, tandis que d'autres bondissaient de rocher en rocher comme de véritables animaux sauvages.

C'est aussi dans ce canton que je vis, pour la première fois, les petites usines en terre glaise qui servent à la fusion du minerai de fer. Ce sont de vrais hauts fourneaux en miniature : cheminée, tuyau d'appel, creuset, fosse pour recevoir la fonte, rien n'y manque. On y empile, comme chez nous, des couches alternées de charbon et de minerai, mais on n'y emploie pour faciliter la fusion, ni quartz, ni castine, soit que les Foulahs ignorent les qualités fondantes de ces matières, soit que leur riche minerai n'en ait pas besoin.

Le massif montagneux découpé par le Kakriman et ses affluents s'abaisse vers l'est en larges plateaux couverts de cultures diverses et aussi parsemés de roumbdés ou plutôt de cases isolées, que nos provinces les mieux cultivées le sont de villages et de fermes. Cette partie de la contrée est par conséquent peu boisée, car la première opération que font les Foulahs pour mettre la terre en culture est d'arracher le bois taillis et de couper les futaies à hauteur d'homme ainsi que procèdent les pionniers défricheurs des États-Unis. — Ils n'ont d'autre instrument de labour qu'une petite houe assez commode et n'emploient d'autre engrais que les cendres du gazon et des chaumes desséchés après la moisson, et qu'ils livrent soigneusement aux flammes avant la semaille. Ces procédés primitifs leur suffisent, sans assolement ni jachères, pour obtenir d'abondantes récoltes d'un sol qui semble inépuisable.

C'est à travers ces scènes pastorales et agricoles que le 1er avril j'atteignis Assanquéré, chef-lieu du fief ou gouvernement du seigneur Oumar, frère d'Abdoulaye que j'avais l'intention d'attendre dans cette localité.

Le chef était absent, mais par les soins de ses femmes une case m'avait été préparée et à peine y étais-je installé que ces dames m'y firent porter du riz, du couscous, des oranges, des bananes et enfin, ce qu'en Afrique on n'offre qu'aux personnages distingués, des noix de kolat. A cette masse de provisions succéda une avalanche de visiteurs et surtout de visiteuses. Les flots de curieux se succédèrent pendant toute la journée dans mon humble gîte, comme les vagues sur une grève à la marée montante. Il n'y eut pas, non-seulement dans Assanquéré, mais même dans les villages environnants à plusieurs lieues à la ronde, une créature féminine qui ne se crût autorisée à venir, dans ses plus beaux atours, me faire son salam et son petit cadeau.

Toutes ces dames, assez bien prises dans leur jeunesse, et dont quelques-unes auraient passé en tous lieux pour jolies, malgré leur teint bistré, portaient, outre la pagne serrée autour des reins, selon la mode générale de l'Afrique, une pièce d'étoffe enroulée autour des épaules et d'une partie de la figure. Les longues tresses de leur chevelure noire, lisse et non crépue comme celle des négresses, sont relevées au sommet du crâne et mêlées d'ornements de corail, d'ambre et de pièces d'argent. De gros colliers d'ambre ou de verroteries flottent autour de leur cou; des pendeloques de ces mêmes matières ou des boucles d'or brillent à leurs oreilles. Leurs bras sont serrés dans d'énormes bracelets d'argent, rappelant tout à fait les brassards des anciens chevaliers et les bagues qu'elles portent à leurs doigts sont surmontées de plaques d'argent recouvrant

---

1. Kakrima ou Kakriman, comme l'a écrit Caillé, et non Kakriba, comme l'a orthographié M. Hecquard.

le dos de la main. Enfin leurs pieds nus et d'une délicatesse exquise ne sont protégés que par des sandales en cuir brodé d'assez jolis dessins.

Tel est le costume général du beau sexe dans le Fouta-Djalon.

Après huit jours d'impatience fiévreuse, je vis enfin arriver Abdoulaye et Oumar, mais tous les deux assez mal disposés pour moi : le premier, parce que je l'avais fait marcher plus vite et plus longtemps qu'il ne l'aurait voulu pour me rejoindre; le second, par suite des contes qu'on lui avait faits sur le but de mon voyage.

Quelques raisonnements, appuyés d'un léger cadeau, vinrent facilement à bout de la mauvaise humeur d'Abdoulaye. Mais je n'eus pas aussi bon marché des préventions de son frère. A cet esprit soupçonneux, les notes que je prenais en chemin, les croquis que l'on m'avait vu prendre, révélaient clairement mes desseins : « *J'avais écrit le pays* afin de pouvoir m'en emparer plus tard. — Puisque j'étais parvenu au cœur de la contrée, je pourrais y guider plus tard une armée d'invasion. — Il ne pouvait me laisser pénétrer plus avant, sans en avoir reçu l'ordre du chef de Labé. »

Les rives du Kakrimau. — Dessin de Sabatier d'après M. Lambert.

Trois longs jours de luttes diplomatiques, pendant lesquels j'épuisai tous les tropes de la rhétorique, toute la gamme de l'éloquence, depuis l'indignation contenue jusqu'à la menace ouverte, amortirent, sans les dissiper complétement, les doutes du farouche Oumar; heureusement à l'aube du quatrième m'arriva un auxiliaire inattendu, en la personne d'un messager chargé par le puissant chef de Labé de me transmettre les paroles suivantes : — « Que le blanc sache que nous sommes très-contents de son arrivée parmi nous. Oumar a eu tort de lui parler comme il l'a fait au sujet de ses écrits. Nous sa-vons que les blancs ne sont pas comme nous : tout ce qu'ils voient ils l'écrivent et ils en composent ensuite des livres que tout le monde lit et qui consacrent leur mémoire dans l'avenir. Les principaux de Labé et moi nous eussions bien voulu le recevoir dans cette ville, mais quelques-uns des anciens s'y opposent, et je n'ai pas voulu les contrarier. Qu'il aille donc directement voir l'almamy, et s'il me destine un présent, qu'il le remette à Oumar qui me le fera parvenir. »

LAMBERT.

(La suite à la prochaine livraison.)

Cases de Soninkés (frontière nord du Fouta-Djalon). — Dessin de Sabatier d'après M. Lambert.

VOYAGE DANS LE FOUTA-DJALON,

EXÉCUTÉ D'APRÈS LES ORDRES DU COLONEL FAIDHERBE, GOUVERNEUR DU SÉNÉGAL,

PAR M. LAMBERT [1].

Lieutenant d'infanterie de marine.

TEXTE ET DESSINS INÉDITS COMMUNIQUÉS PAR LE MINISTÈRE DE LA MARINE ET DES COLONIES.

1860

D'Ansanqueré à Timbo. — Le Koukoulo et ses affluents. — Le bassin du Tené (haute Falémé). — Faucoumba. — Porédaka.
Sori Ibrahima, l'almamy régnant. — Élasticité des estomacs africains. — Faveur royale et ses suites.

Le message du chef de Labé levant toutes difficultés, je m'empressai de justifier de mon mieux l'allusion à ma générosité qui le terminait: après avoir remis à Oumar, pour son suzerain, un burnous, un sabre, quatre paires de pagnes, un coupon d'écarlate et un bonnet de velours brodé d'or, je repris la route de Timbo, escorté de six esclaves, trois hommes et trois femmes, envoyés à l'almamy par Abdoulaye et Oumar, comme un à-compte sur les impositions de leurs gouvernements. Ces pauvres gens devant en route me tenir lieu de portefaix, je fis alléger autant que je le pus les fardeaux incombant aux trois femmes. Soumises d'habitude à un traitement tout opposé, elles parurent aussi reconnaissantes qu'étonnées de cette petite attention.

D'Ansanqueré à Faucoumba la route traverse une série de plateaux et de vallons, inclinés tantôt au sud-ouest avec le Koukoulo et des affluents, tantôt au nord-est avec les ruisseaux qui forment la Falémé. Je pus reconnaître d'un des points élevés de la ligne de faîte, près du village de Teleré, la tranchée que le Tené, branche mère de cette rivière, s'est ouverte dans l'arc de ce cercle, le plus occidental que forment les montagnes du Fouta-Djalon. Je ferai remarquer à ce sujet que pour reconnaître la branche principale ou la source d'un fleuve, il importe bien plus au voyageur d'observer la configura-

tion générale des hauts bassins que de rechercher tel ou tel filet d'eau qu'à tout hasard, et le plus souvent dans un intérêt de vanité locale, un indigène vous désigne comme la source de telle ou telle rivière.

Faucoumba, où j'arrivai le lendemain, est la ville sainte du Fouta-Djalon: elle fut le berceau de l'islamisme dans ce pays, et c'est de son sein que sortirent, il y a moins d'un siècle, les conquérants foulahs qui subjuguèrent les Djalonkés; aussi jouit-elle du privilège de nommer les almamys. Les anciens de la ville sont chargés de ce soin; mais le droit de l'électeur n'est pas parfaitement défini. Les hommes influents de toutes les parties de l'empire viennent toujours y apporter leur voix, et souvent le poids de leur épée. Dans cette assemblée, comme dans toutes celles du même genre, il n'y a point de vote. Chacun émet son opinion pour son candidat, et la nomination se fait ensuite par acclamation, comme autrefois dans les élections polonaises. Ordinairement, pendant le résumé des débats, le chef du village est le président de ces étranges comices. Du reste cette institution, qui ne repose sur aucune loi solide, mais bien sur une coutume mal définie, est complétement éludée pour les aspirants au trône. Ils se rendent avec leurs partisans en armes sur les lieux de la délibération. Des conflits sanglants en résultent presque toujours, et c'est le plus fort qui l'emporte, momentanément du moins, car le vaincu est ordinairement loin de se soumettre pour l'avenir. De là des guerres et des rivalités interminables.

Le 15, à la tombée de la nuit, j'atteignis Porédaka, bourgade à peu de chose près aussi grande que Faucoumba. L'almamy Sori Ibrahima y arriva le lendemain. Le soir même il me donna audience.

Ce ne fut pas sans quelque émotion que j'abordai ce personnage dont M. Hecqnard avait tant eu à se plaindre. Sori peut avoir aujourd'hui de quarante à quarante-cinq ans; Foulah de sang presque pur, il a un teint rougeâtre, comme celui de certaines statues égyptiennes; ses cheveux lisses, même soyeux, commencent à grisonner; l'expression dure de ses traits et son obésité précoce lui donnent assez l'air d'un Romain de la décadence.

Après les salutations préalables, je lui dis que le chef des blancs de Saint-Louis m'envoyait à lui pour lui remettre une lettre et l'engager à diriger dorénavant, d'une manière suivie, les caravanes de ses sujets sur nos comptoirs de Kakandy et de Sénoudébou.

« Je suis content, me répondit-il, très-content, très-content (sic) de ton arrivée dans le Fouta-Djalon. Va partout où tu voudras, agis comme tu l'entendras : tu n'auras ici pour guide que ta volonté après celle de Dieu. »

Après l'avoir remercié de ces paroles bienveillantes et fort inattendues, je l'avoue, je crus devoir reprendre mon thème obligé sur les avantages que son peuple ne pouvait manquer de retirer du développement de ses relations commerciales avec nous.

« Je penserai à tout cela, me dit-il en m'interrompant, et nous en reparlerons plus tard. En attendant va trouver mon collègue Oumar. C'est à lui que la lettre de ton chef est adressée, et causer avec lui ou avec moi, cela revient au même; maintenant *nous ne faisons qu'un*. »

Enchanté de cette proposition, qui allait au-devant de mes désirs, mais pouvant craindre qu'elle ne cachât un piége diplomatique, je ne crus pas devoir l'accepter sans autres explications.

« Le chef des blancs, dis-je à Sori, m'envoie auprès de l'almamy du Fouta-Djalon, et non auprès d'un homme en particulier. Si la lettre est adressée à Oumar, c'est que le gouverneur du Sénégal le croyait encore en possession du pouvoir, et si je vais le voir maintenant, ce ne sera qu'avec ta permission.

— Eh bien, dit Sori, en hésitant quelque peu, décachette la lettre. »

La lecture de cette missive dura plus d'une heure. Le royal auditeur en pesait longuement chaque expression et terminait invariablement ses commentaires par quelque affirmation approbative, comme *bien ! c'est vrai ! cela est avantageux*. Enfin il me remit la lettre en me priant de la recacheter soigneusement. Évidemment mon homme avait peur d'Oumar et voulait mettre, vis-à-vis de ce rival en puissance, sa responsabilité à couvert.

Peu après mon retour au logis, je vis arriver des serviteurs de Sori; ils m'apportaient un copieux souper. Le chef du village et le propriétaire de ma case en firent autant. Dans ce triple menu figuraient six énormes calebasses de riz ou de sanglé au mil, que les six noirs de ma suite firent immédiatement disparaître jusqu'au dernier grain et sans qu'aucun d'eux en éprouvât le moindre embarras gastrique. Je cite en passant cette preuve de l'élasticité de l'estomac du nègre; il se distend ou se contracte avec une égale facilité suivant les circonstances.

Le lendemain, apprenant que l'almamy allait repartir pour Faucoumba, je me hâtai de lui porter le cadeau qui lui était destiné par M. Faidherbe : un beau fusil de chasse dans une boîte assortie, avec approvisionnement de poudre fine et de capsules. Sori reçut ce présent avec une joie non dissimulée. On eût dit un enfant contemplant un jouet longtemps désiré. La boîte et ses accessoires excitaient surtout son admiration. Un demi-baril de poudre de traite que je lui fi donner en sus, sur sa demande, acheva de le mettre en belle humeur. Au moment de me quitter il me secoua énergiquement la main et me tordit le bras en manière d'effusion amicale.

Ceci fut considéré par son entourage comme une haute et insigne faveur.

Tous ceux qui en avaient été témoins, crurent peu séant de me laisser retourner seul à ma case et me firent jusqu'à ma porte un cortége d'honneur. Puis chacun voulut savoir le nom d'un homme si bien en cour; Cocagne leur dit que je me nommais Lambert.

Ils voulurent savoir comment ce nom devait s'exprimer en peulh.

« Mais la même chose qu'en français, dit Cocagne, un homme, qu'il s'appelle Abdoulaye ou Lambert, garde son nom dans toutes les langues.

— Mais, objecta un des interlocuteurs, M. Hecquard s'appelait ici Boubakar.

— Alors, cherchez ! » riposta l'honnête marin poussé à bout.

Et toutes les cervelles présentes se creusèrent pour découvrir la solution du problème qu'elles venaient de se poser.

« J'ai trouvé ! » s'écria enfin un vieux marabout d'un ton augural. Toutes les oreilles s'ouvrirent avec la plus religieuse attention.

« Lambert, dit le saint homme, est la même chose que Abbert, et Abbert en peulh c'est Abbas.

— C'est cela même, dis-je en intervenant. Change maintenant mon prénom en Aboul et tu auras mon nom tout entier.

— Aboul-Abbas ! s'écria le vieux marabout, enchanté de sa science et en même temps fort surpris que je connusse ce personnage de l'histoire du califat[1]. »

A partir de ce moment, je fus baptisé et classé dans la mémoire de ces braves gens, et les voyageurs qui viendront après moi dans le Fouta-Djalon entendront certainement parler de leur prédécesseur français Aboul-Abbas, auquel l'almamy Sori Ibrahima fit un accueil si distingué, qu'il daigna, par une faveur toute spéciale, lui tordre le bras.

1. Aboul-Abbas, premier calife de la race des Abassides, régna le 750 à 754 de notre ère.

Arrivée à Timbo. — Description de cette capitale. — L'almamy Oumar. — Parallèle entre lui et Sori Ibrahima. — Fête religieuse du Kori, ou quatrième mois de l'année musulmane. — Curiosité fatigante. — Une imprudence de Cocagne. — Mon ami Ndiogo.

Pendant que l'almamy prenait la direction du nord, j'aurais voulu sans retard prendre la route du sud-est qui mène à Timbo. Mais je dus céder aux instances du chef de Porédaka qui me supplia de remettre mon départ jusqu'à ce qu'il eût pu exécuter l'ordre que Sori lui avait donné de tuer et de dépecer un bœuf en mon intention. Cette opération ne prit pas moins de deux jours à l'honorable magistrat. Je profitai de ces retards pour aller reconnaître, à quelques lieues de là, les sources du Sénégal. Du haut d'une ligne de faîtes qui court entre Faucoumba et Porédaka, je vis le fleuve naissant, coulant du nord-est au sud-est.

Deux jours plus tard, après avoir suivi une partie de la corde du grand arc décrit par le Sénégal autour du plateau de Timbo, je me trouvai en face de cette petite ville. Bâtie au pied d'une montagne de deux cent cinquante à trois cents mètres d'élévation, elle a à peine la dimension et la population de Faucoumba (3000 habitants). Elle n'en est pas moins la capitale de tout le Fouta-Djalon et le chef-lieu d'une province dénommée d'après elle et directement administrée par l'almamy. Son nom lui vient du mot peulh *timé*, qui signifie *limite*, *fin*, et qui fut donné à la vallée, où elle s'élève aujourd'hui, lorsque les Foulahs vainqueurs des Djalonkés y pénétrèrent et crurent que leurs conquêtes s'arrêteraient là.

Pendant que, assis sous un vieux bombax en face de la ville, je repassais ces particularités dans ma mémoire, les anciens de la cité, avertis de mon arrivée par Alpha Kikala, le héraut d'armes, délibéraient, suivant l'antique usage, sur l'admission de l'étranger dans leurs murs. Pure formalité en cette occasion, la délibération de cette municipalité africaine se termina par une invitation pressante de venir occuper la demeure qui m'était préparée. Kikala m'apprit en outre que l'almamy Oumar lui-même devait revenir dans la soirée de sa maison des champs pour me recevoir officiellement le lendemain.

En conséquence, à l'heure de midi, vêtu d'une simple chemise de laine et d'un large pantalon, chaussé de grandes bottes poudreuses et coiffé d'un immense chapeau de paille, ayant enfin l'apparence de n'importe quoi plutôt que d'un officier français, je fis mon entrée dans la capitale du Fouta-Djalon, et j'allai m'installer dans la maison d'un des serviteurs de l'almamy.

Arrivé assez tard dans la soirée, celui-ci m'envoya chercher le lendemain par un Foulah du Bondou, qui remplissait auprès de sa personne des fonctions correspondantes à celles de premier chambellan, ou, si l'on veut, d'introducteur des ambassadeurs.

A la première vue je fus frappé des dissemblances qui existent entre les deux almamys du Fouta-Djalon. Les traits d'Oumar expriment à la fois la douceur, l'énergie et la dignité. Le souverain pouvoir semble chez lui chose naturelle; son rival s'étudie à le porter avec affectation. Agé de quarante à quarante-deux ans, Oumar tend comme Sori à l'obésité, et chose étrange, ils sont peut-être les seuls, dans tout le pays soumis à leur autorité, qui soient menacés de cette infirmité. Ceci tient sans doute au genre de vie sédentaire auquel ils sont condamnés tous les deux. Oumar, en outre, est très-noir de teint; car sa mère et sa grand'mère étaient de sang djalonké. Il doit à cette circonstance de pouvoir compter sur l'appui de toute cette partie de la nation.

Sori ne m'avait pas même invité à m'asseoir devant lui; Oumar eut la délicatesse de me faire apporter un fauteuil qui lui venait de Kakandy.

Notre entretien s'ouvrit naturellement sur le message qu'il avait fait tenir au gouverneur du Sénégal par le commandant de Kéniéba, et sur la réponse que M. Faidherbe m'avait chargé de lui remettre.

« C'est moi, ajoutai-je, qui ai décacheté cette lettre pour en communiquer le contenu à Sori Ibrahima. On m'avait assuré que tu avais déposé le pouvoir en ce moment, et je crois qu'un homme animé de bonnes intentions doit d'abord s'adresser au chef réel du pays où il se présente. Je ne saurais trop me féliciter de ce que Sori m'a envoyé vers toi au lieu de me garder auprès de lui; car c'est toi que le gouverneur connaît; c'est toi que tous les Français connaissent et préfèrent, car nous avons tous lu le livre où M. Hecquard raconte avec quelle bienveillance tu l'as reçu.

— Je suis très-content, me répondit l'almamy, de l'arrivée d'un Français près de moi. Je les aime beaucoup, et je sais aussi que le gouverneur a pour moi autant d'estime que j'en ai pour lui. Tu es ici chez toi. Tout ce dont tu auras besoin, je m'efforcerai de te le procurer, et si j'oublie quelque chose tu me feras plaisir de me le rappeler. »

L'entretien se prolongea longtemps sur ce ton bienveillant. L'almamy parut éprouver une joie sincère en apprenant que M. Hecquard avait été récompensé de ses voyages par l'obtention d'un poste important [1], et me souhaita, en termes chaleureux, la même chance heureuse à mon retour dans le pays des blancs.

« Je serai assez payé de mes fatigues, répondis-je en manière d'aphorisme oriental, si mon voyage est utile à ton pays et au mien. Le bien accompli est la plus belle récompense du juste. »

Le soir de ce même jour, qui était celui de la nouvelle lune, après que les premières réjouissances célébrant la fin du Ramadan se furent calmées, et que la cité tout entière parut plongée dans le repos comme dans le silence, je sortis subrepticement de ma case, suivi de Cocagne et précédé de Mousa, un natif du Bondou attaché à la cour de l'almamy. Tous les trois, marchant à pas de loup et recherchant l'ombre la plus épaisse, nous avions l'air de maraudeurs allant faire un mauvais coup. Jamais

1. M. Hecquard, aujourd'hui consul de France à Scutari, a visité successivement, de 1849 à 1852, le Gabon, le Grand-Bassam, la Cassamance, Albreda sur la Gambie et le Fouta-Djalon. La relation de ses voyages a été publiée en 1853 sous le titre : *Voyage sur la côte et dans l'intérieur de l'Afrique occidentale*, un vol grand in-8.

à notre allure un Européen ne nous aurait pris pour ce que nous étions réellement : des mandataires d'un chef puissant, portant des cadeaux à un souverain. Mais que voulez-vous? il est de la politique des monarques africains d'envelopper ces choses du plus grand mystère possible.

Je remis donc à Oumar, entre dix et onze heures du soir, heure fort avancée pour l'Afrique, un sabre assez riche, un bonnet de velours brodé en or, un beau burnous de laine, quatre paires de pagnes, deux mètres de drap écarlate, de la verroterie fine, un collier d'ambre d'une valeur de cent quarante francs, un couteau-poignard, une paire de lunettes, une de conserves, un joli lorgnon de presbyte, et enfin, à mon grand regret, je l'avoue, une fort belle lorgnette jumelle qui en route m'avait tenu lieu de longue-vue.

L'almamy m'avait averti qu'il ne pourrait me recevoir de toute la journée du lendemain, consacrée aux fêtes du Kori et aux prières publiques, auxquelles il devait présider[1]. En effet, dès le matin du 13 avril, la voix des marabouts ayant convoqué les vrais croyants, je vis tous les citadins, parés de leurs plus riches vêtements, sortir de leurs demeures et se diriger vers celle de l'almamy, où retentissait le bruit du tamtam. Dès que la population musulmane de Timbo, grossie de tous les fidèles accourus des villages voisins, fut réunie devant la case royale

Fonte du minerai de fer au Fouta-Djalon. — Dessin de Hadamard d'après M. Lambert.

qui, semblable de forme et de matériaux aux huttes des plus pauvres Foulahs, n'en diffère que par l'étendue de l'enclos qui la renferme, tout ce monde, Oumar en tête, sortit processionnellement de la ville et gagna les rives d'un ruisseau qui porte, comme la ville, le nom de Timbo. Une fois arrivé le long de ce petit cours d'eau, l'almamy, assisté de ses deux *tamsirs* (lieutenants ou grands vicaires), se porta à cent pas en avant de la foule; les marabouts et les anciens se rangèrent dans l'intervalle et la prière commença. Oumar la prononçait à haute voix, et l'assistance tout entière (trois mille hommes au moins) répondait, tandis que du sein de la ville un doux et vague murmure, s'élevant par inter-

valles cadencés, annonçait que dans l'intérieur de chaque case les femmes s'associaient aux prières de leurs maris et de leurs frères.

C'était un beau et touchant spectacle que la vue de tous ces hommes courbant leurs fronts vers la terre, puis les relevant pour les courber encore. Toute cette cérémonie était empreinte d'un si profond recueillement, d'une foi si grave et si austère, que je ne pus résister au

1. Dans tous les pays peulhs, dans le Fouta-Toro, le Bondou, le Djalon, le Macena, le titre d'almamy emporte la réunion des deux pouvoirs, spirituel et temporel. Celui qui en est revêtu se considère, de même que l'émir de Sokoto, le sultan de Maroc et le padisha de Constantinople, comme l'héritier direct des Califes.

besoin de m'y associer et d'adresser aussi à Dieu une courte et fervente prière chrétienne.

En ce moment des cris perçants, des clameurs de toute sorte, s'élevèrent entre nous et la ville, et je vis la foule se répandre en courant dans la plaine. Je crus un moment que les Oubous, tribus dissidentes qui habitent les montagnes au sud du Sénégal, profitaient de l'opportunité du moment pour attaquer Timbo [1]. Mais tout ce tumulte provenait simplement de ce que le *salam* étant terminé, les enfants, secouant le joug de la discipline, prenaient leurs ébats, comme font en tous pays les écoliers au sortir de la classe.

C'était jour de fête générale et chacun voulait s'amuser le plus possible. La Providence elle-même semblait avoir pris soin de leur fournir un spectacle pour cette occasion solennelle, et tous s'en donnèrent à cœur joie. Ce spectacle, c'était moi. Cabales, intrigues, corruption même, rien ne fut épargné pour jouir de la vue de ma personne. J'eus affaire au moins à *dix* pères et à *vingt* frères de l'almamy. Tous les autres curieux étaient, suivant leur âge, ses oncles ou ses cousins. Je finis par défendre ma porte à tous ces princes du sang, mais, sourds aux représentations de ma sentinelle, ils forcèrent la consigne. J'eus recours à un moyen extrême, je fermai ma porte à clef. Hélas! une brèche pratiquée dans la haie de ma cour livra bientôt passage au flot des envahisseurs, qui fini-

Forgeron à l'ouvrage au Fouta-Djalon. — Dessin de Hadamard d'après M. Lambert.

rent par enfoncer ma porte. Cocagne ayant eu le tort de dire qu'on ne laisserait entrer que ceux qui m'apporteraient des provisions, je fus en un instant accablé sous une avalanche de poulets, d'oranges, de bananes et d'œufs; d'œufs surtout, car les Africains, qui n'en

consomment pas, s'imaginent (ce préjugé existait déjà au temps de Mungo-Park) que les Européens les mangent crus, et l'espoir de me voir commettre cette énormité était pour beaucoup dans la générosité des donateurs.

Sur le point d'être étouffé par la foule, je m'empressai d'accepter l'offre d'un de mes persécuteurs, et de l'accompagner chez son oncle Ndiogo, lequel n'était pas parent supposé, mais bien réellement ami de l'almamy.

Ndiogo, un des capitaines ou généraux d'Oumar, est habile dans le conseil et fort dans le combat; il jouit de l'estime et de la confiance de tous ses compatriotes. Il mit tant de chaleur dans son accueil, parla de ma mission en termes si flatteurs, que je crus d'abord n'avoir

1. Les Oubous sont des Foulahs que le fameux Al-Hadji, ce boute-feu de la Sénégambie, est parvenu à détacher du tronc national et de l'autorité de l'almamy. A la voix du faux prophète, ils attaquèrent Timbo en 1859, s'en emparèrent et la livrèrent au pillage. Ils tuèrent un grand nombre d'habitants et s'emparèrent d'innombrables troupeaux et de plusieurs centaines de captifs. Oumar, accourant de sa villa de Sokotoro, réunit les contingents de Labé et du Bouvé, repoussa les Oubous dans leurs montagnes et leur reprit la plus grande partie de leur butin.

devant moi qu'un solliciteur adroit comme il y en a tant en Afrique.... et ailleurs. Je me hâtai de lui dire que je n'avais rien à lui offrir en échange de ses politesses. Je faisais injure au brave Ndiogo.

« Ta visite, répliqua-t-il avec un tact parfait, est ce que je pouvais désirer de mieux. Tu es l'hôte de l'almamy et par conséquent notre hôte à tous. Tu es venu ici pour notre bien et ton voyage nous rapportera un jour plus d'avantages que tu n'aurais pu porter de marchandises avec toi. » Il finit par me prier de vouloir bien accepter un bœuf gras comme échantillon de ses troupeaux. A dater de ce moment il y eut entre Ndiogo et moi une amitié qui ne s'est jamais démentie.

Présentation et discours solennels. — Arrivée à Sokotoro. — Description de ce lieu. — Bienveillance d'Oumar. — Histoire de son peuple et de sa dynastie.

A quelques jours de là je fus officiellement présenté par l'almamy à ce qu'on pourrait appeler le sénat du Fouta-Djalon. Mandé par Oumar, je trouvai chez lui les anciens et notables de son peuple réunis au nombre d'une centaine environ. La cour en était littéralement encombrée et j'eus grand'peine à arriver jusqu'au fauteuil qu'on m'avait préparé en face de l'almamy. Dès que je fus assis et que tout le monde se fut rangé dans un profond silence, l'almamy me pria d'exposer devant l'assemblée les motifs de mon voyage.

Voici la substance de ma réponse :

« Quand un homme voyage comme moi dans un but d'utilité générale, il est heureux de pouvoir s'expliquer devant une réunion aussi nombreuse. Je suis certain d'avance que tous les hommes sages qui m'écoutent me seront favorables, car je viens demander au nom du gouverneur du Sénégal des relations commerciales plus suivies que par le passé avec Kakandy et avec Sénoudébou. Les Foulahs trouveront dans ces deux comptoirs des étoffes pour se vêtir, des fusils et de la poudre pour se défendre contre leurs ennemis ; ils s'y procureront en un mot tout ce que les blancs possèdent en abondance et ce qui leur manque à eux, et en retour ils nous apporteront en échange de l'or, de l'ivoire, des arachides, tous ceux de leurs produits dont nous avons besoin. Ainsi se resserreront les relations de commerce et d'amitié entre les Français et les Foulahs, au grand avantage des deux peuples ; car ce n'est que par la paix et le commerce que les États prospèrent.

— Parfaitement vrai s'écria un des vieux conseillers présents, et chaque jour nous demandons à Dieu de nous envoyer des blancs. »

On passa ensuite à la lecture de la lettre ; écoutée au milieu d'un sentiment d'approbation générale, cette lecture ne fut interrompue que par une prière, dont toute l'assemblée crut devoir accompagner les vœux exprimés par M. Faidherbe pour la prospérité de l'almamy. La lecture terminée, Oumar s'exprima en ces termes :

« Des lieux où le soleil se lève et de ceux où il se couche, du côté de la droite (le sud), et du côté de la gauche (le nord), je reçois journellement des envoyés. Mais au-

cun ne peut me faire le plaisir que me cause celui qui vient de la part du gouverneur de Saint-Louis. Car lui aussi est un grand chef, un puissant monarque. Comme moi il est connu à l'orient et au couchant, au nord et au midi et partout on l'aime ; car il ne veut que la justice. Je prie Allah de maintenir entre nous une étroite amitié et de bonnes relations commerciales, ainsi que vient de le dire ce vieux marabout, notre conseiller. Il faut espérer qu'Allah exaucera nos vœux. »

Ici l'assemblée recommença pour le gouverneur une prière semblable à celle qu'elle avait prononcée peu avant pour l'almamy, etc. Chacun, ayant pendant ce temps les yeux fixés sur ses deux mains ouvertes, répéta trois fois les mêmes vœux.

Je ne pouvais mieux faire que de remercier pour ces litanies, et c'est ce que je fis avec chaleur. Ensuite l'almamy fit étaler devant l'assemblée les cadeaux envoyés par le gouverneur, moins les jumelles, le collier d'ambre et le couteau poignard. Je compris que ces objets, joints au manteau qu'il avait porté le premier jour du Kori, formaient le lot qu'il se réservait, et qu'il distribuerait le reste à ses fidèles.

Je voulus m'excuser pour le peu de valeur de ce présent, mais Oumar ne m'en laissa pas le temps ; il me dit :

« Quand tu m'as remis ces échantillons de l'industrie de ton pays, tu as pu croire, d'après mon silence, que je n'en étais pas content. Eh bien ! je te déclare aujourd'hui, en présence de tous les anciens de mon peuple, que je les ai reçus avec le plus grand plaisir, et que je suis très-content, et par-dessus toutes choses, de ta présence au milieu de nous. Tu ne dois y trouver que la paix, et t'y conduire que d'après ton bon plaisir. »

Une nouvelle et dernière prière pour le succès de mon voyage, suivit cette allocution, et la réunion fut dissoute. J'appris ensuite que l'almamy comptait partir sous peu de jours pour sa résidence de Sokotoro. Il ne tarda pas à m'inviter à aller m'y installer auprès de lui.

A dix ou douze kilomètres dans l'est-nord-est de Timbo, Sokotoro est un site charmant comme en pourrait créer l'imagination d'un poëte pastoral ou d'un peintre paysagiste. Figurez-vous une vaste plaine, bordée d'un côté par le Bafing, et de l'autre, par un cercle de hautes montagnes rocheuses. Sur une colline isolée au centre de cet hémicycle, se groupent, sous des bouquets de verdure, les habitations des pâtres et des cultivateurs (près de deux mille captifs), chargés d'exploiter ce sol privilégié, où de nombreux ruisseaux, courant des montagnes au fleuve, entretiennent toute l'année la fraîcheur, la fécondité et la vie : on dirait un immense jardin.

La demeure du maître de ce riche domaine n'offre rien de remarquable. — Quelques cases, en forme de meule de foin, comme celles du plus humble de ses esclaves, sont entourées d'un enclos palissadé ; ce sont les pavillons de ses femmes. Le sien est à côté, précédé d'une sorte de verandah, où il donne ses audiences. Oumar, dit-on, ne possède pas moins d'une vingtaine de *roumbdés* aussi considérables que Sokotoro ; aussi peut-il nourrir en temps de famine une partie du Fouta-Dja-

lon, et entretenir de ses seules ressources, en temps
de guerre, ses partisans ou ses vassaux armés. — C'est
ce qu'il a déjà fait plusieurs fois, et ce qui lui assure sur
son rival Sori, moins riche peut-être, mais à coup sûr
moins généreux, un incontestable avantage.

Les deux cases que j'occupais avec mes gens, non loin
de l'habitation de l'almamy, étaient petites, mais isolées
dans un enclos, et comme j'y étais à l'abri des importuns
qui m'avaient obsédé à Timbo, j'aurais pu m'y trouver
fort à l'aise et y laisser couler paisiblement les heures
sans en sentir le poids, si les noires vapeurs amoncelées
à l'horizon, et roulant de crête en crête sur les montagnes
voisines, ne m'avaient averti, dès le premier jour, que la
saison des pluies arrivait, et qu'il fallait songer au départ. — Hélas! c'était compter sans les lenteurs de la
diplomatie africaine.

Dès le lendemain de mon arrivée, Oumar fit en ma faveur ce que l'étiquette traditionnelle de sa maison lui
eût interdit de faire pour son père.... il vint me rendre
officiellement visite. Il était à cheval et entouré d'un
grand cortége. Après l'avoir fait asseoir sur une couver-
ture déployée devant ma case, je le remerciai vivement
de l'honneur qu'il m'accordait. — « A Timbo, dit-il, il
m'eût été difficile de venir te voir, mais ici, je viendrai
très-souvent, et ma porte sera toujours ouverte pour
toi. »

Et en effet, sauf ses tergiversations et lenteurs à l'endroit de mon retour, ses actes concordèrent avec ses paroles, et rien, pendant toute la durée de mon séjour auprès de lui, ne démentit la bienveillance et l'intérêt
qu'il me témoignait en ce moment. Et je ne fais pas allusion ici à la prévoyance, pour ainsi dire paternelle, qui
garnissait chaque jour l'office de ma case de calebasses
de riz, de bananes, d'oranges, de jarres de miel et de
sangalas [1], de volailles, et quelquefois même d'un bœuf
tout entier; mais à ces attentions délicates qui révèlent
une âme au-dessus des inspirations de la défiance et qui
naissent d'une intimité et d'une confiance réciproques.
Ainsi, je pouvais entrer chez lui, armé ou non armé, à
toutes les heures du jour; il me reçut même plusieurs
fois en présence de ses femmes, faveur qu'il n'avait jamais accordée à un étranger. Il aimait à passer de longues heures avec moi, soit assis sous sa verandah, soit
promenant dans les sentiers de ses vastes cultures, et
toujours causant des coutumes des blancs, de la gran-
deur de la France, des prodiges de sa civilisation et de
son industrie, et souvent aussi se laissant interroger par
moi sur l'histoire du Fouta-Djalon et sur celle de sa
race en particulier.

Les lignes suivantes sont un extrait de ses réponses à
mes questions sur ce sujet.

Il n'y a pas plus d'un siècle que les Foulahs vivaient
à l'état de tribus sous de simples chefs héréditaires dans

le pays des Djalonkés. Ils y étaient venus d'un lieu fort
éloigné du côté du soleil levant (la terre de *Faz*, suivant
les uns; de *Sam* suivant les autres). Quelques-unes de
ces tribus réunies sous un chef du nom do Séri s'étaient
établies sur le territoire de Faucoumba; quelques autres autour de Timbo. Séri permit à son frère Séidi
de prendre le titre d'*alpha* ou de chef suprême, à condi-
tion que les alphas seraient toujours élus par les habitants de Faucoumba, privilége qu'ils ont gardé jusqu'à
ce jour. Séri mourut sans enfants et Séidi transmit à son
fils Kikala son titre et sa puissance. Le titre d'alpha fut
ensuite porté successivement par les deux fils de ce dernier, Malic et Nouhou, qui ne se départirent pas à l'é-
gard des Djalonkés idolâtres, des procédés de douceur et
de persuasion employés par leurs ancêtres. Le fils de
Malic, Ibrahima, fut le premier à ériger en système la
conquête et la conversion à main armée. Cet Ibrahima,
élevé par un marabout, son parent, avait, dit-on, un tel
respect pour son précepteur, qui entre autres choses lui
avait appris l'arabe, que lorsqu'il pleuvait (ce qui arrive
dans ce pays sept mois de l'année sur douze), il montait
pieusement sur la case du saint homme et la couvrait de
ses vêtements, pour que la pluie ne pénétrât pas jusque
dans l'intérieur. Aussi, disent les Foulahs, Dieu récom-
pensa Ibrahima de cette piété vraiment filiale, en bénis-
sant toutes ses entreprises.

Le nombre des Foulahs ses sujets, et des musulmans
qui lui étaient soumis s'étant accru peu à peu, il prit le
titre d'almamy, et commença la conquête de toute la contrée qui porte aujourd'hui le nom de Fouta-Djalon. Cette
conquête fut, du reste, l'œuvre de toute sa vie; il eut aussi
à repousser les attaques des peuples païens qui vinrent
d'au delà du Niger au secours des Djalonkés. Il vainquit,
dit-on, dans plus de cent rencontres et ne tua pas moins
de cent soixante-quatorze rois ou chefs de tribus. On
prétend même qu'en une seule fois il en mit à mort
trente-quatre sur trente-cinq qu'il avait en face de lui, et
encore n'épargua-t-il le dernier champion que parce que
celui-ci était une femme, une véritable amazone n'ayant
conservé qu'un sein, ni plus ni moins que les héroïnes
qui combattirent jadis sur les bords du Thermodon.

Vainqueur des idolâtres de l'est, Ibrahima se tourna
ensuite vers le nord, força Maka, roi de Boundou à em-
brasser l'islamisme et à prendre le titre d'almamy; puis
il passa la Falémé et le Sénégal et porta ses armes victo-
rieuses jusqu'à Koumiakari, au cœur du Kaarta, à cent
soixante lieues de Timbo. La rapidité de ses expéditions
et de ses succès, lui valut le surnom de Sori (le Matinal)
que la tradition lui a conservé.

Chose bizarre, ce terrible conquérant déposa plusieurs
fois, volontairement et comme pour se reposer, le pouvoir souverain entre les mains d'un sien cousin nommé
Alpha Sétif; mais ces interrègnes ne furent jamais que
de courte durée. A sa mort commença une période d'a-
narchie, d'usurpations et de meurtres comme en présente l'histoire des rois mérovingiens. Les descendants
d'Alpha Sétif prétendirent ériger en droit héréditaire,
en faveur de leur branche, la jouissance alternative du

---

1. Les sangalas sont de petites baies rouges dont l'infusion dans
une certaine quantité d'eau donne une liqueur agréable qui, tant
qu'elle est fraîche, a la couleur et le goût d'un vin légèrement
sucré. Quand cette boisson a fermenté, elle ressemble beaucoup à
la bière.

Vue de la ville et de la vallée de Timbo. — Dessin de Sabatier d'après M. Lambert.

pouvoir accordé passagèrement à leur père. De là les deux partis qui divisent encore aujourd'hui le Fouta, et que le tableau généalogique suivant peut servir à expliquer aux historiens futurs.

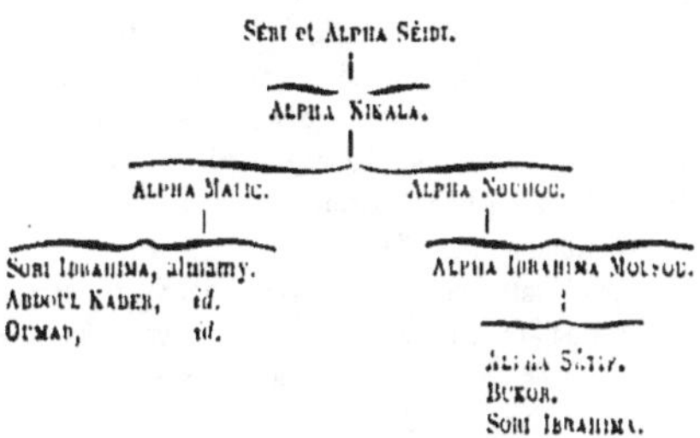

Sori Ibrahima, le premier almamy, régna trente-trois ans. Entre sa mort et l'avénement d'Oumar, qui comptait déjà quatorze ans de règne en 1860, s'étend un espace de vingt-huit années. La révolution qui changea la face du Fouta-Djalon et lui donna le premier rang parmi les puissances de l'Afrique occidentale, date donc de la même époque que celle qui renouvela la société française.

Je deviens médecin et je sauve mes malades! — La vipère de Fouta. — Funérailles. — La saison des pluies et la fièvre. — Fête des semailles. — Don solennel d'un cheval et ses tristes conséquences. — Ma promotion à la dignité de cordonnier de la cour.

Les liens de mon intimité avec l'almamy furent resserrés par quelques services que ma caisse de pharmacie, bien plus que ma science, me permit de rendre dans sa maison.

Le 4 mai, dans l'après-midi, étant allé pour le voir, il me fit dire qu'il ne pouvait me recevoir, à cause de la maladie grave qui venait de frapper une de ses femmes.

Djalonké. Sori Ibrahima. Foulah pur sang.

TYPES ET PORTRAITS. — Dessin de Hadamard d'après M. Lambert.

J'insistai, et je lui fis répondre que je me connaissais un peu en maladies, et que je pourrais peut-être apporter quelque soulagement aux souffrances de sa femme. Il me fit un accueil très-cordial, me prit la main et me conduisit ainsi jusqu'à la case de la malade. Cette malheureuse avait le délire; sa tête était brûlante, son pouls fortement agité. Elle était dans cet état depuis son arrivée de Timbo. C'était donc une fièvre cérébrale ou pernicieuse. Je lui tâtai gravement le pouls avec l'aplomb d'un médecin endurci dans le métier. J'ordonnai sur-le-champ des frictions de quinine, et lui fis avaler en même une assez forte dose de ce spécifique. Mais comme elle était réellement en danger, j'eus soin, avant de lui administrer ce remède, de prévenir l'almamy que, si un malheur arrivait, il ne devrait s'en prendre qu'à la violence du mal. Il se résigna d'avance. Quand le remède eut été administré, il m'emmena dans sa case, où nous causâmes quelque temps. Il me fit voir une femme de sa maison, mère d'une petite Albinos blanche comme du lait, et qui n'avait de rouge que les yeux. Il me demanda, en riant, ce que je pensais de *ma petite sœur*. Je lui dis que nous n'étions pas de même race, et je lui expliquai comment cette particularité est le résultat d'une défectuosité organique que l'on observe aussi quelquefois chez les Européens.

Il me pria de revenir, après dîner, voir sa femme, et lui donner une potion qui pût la faire dormir, car depuis plusieurs jours elle n'avait pas fermé l'œil. Je le lui promis, et je revins en effet, muni de quelques gouttes de laudanum; mais les frictions et la quinine avaient rendu ce dernier remède inutile; la malade dormait profondément. Je fis voir à Oumar ma caisse de médicaments; je lui expliquai l'usage de chacun, et je m'engageai à lui en laisser une partie. Bien qu'il ne m'eût adressé aucun remercîment, je vis combien le soulagement que j'avais procuré à sa femme le rendait heureux. Il me prit la main qu'il conserva longtemps entre les siennes, et son regard, à défaut de paroles, m'exprima toute sa reconnaissance.

Le lendemain, je revins voir ma cliente, elle avait passé une bonne nuit, le délire l'avait quittée, mais elle avait encore un peu de fièvre. A partir de ce moment le mieux se maintint, et aux yeux de l'almamy comme aux yeux de tous, je passai pour son sauveur.

A quelques jours de là, je reçus fort avant dans la soirée un message de l'almamy, qui me prévenait qu'un de ses captifs venait d'être mordu par un serpent et me priait d'aller voir le blessé le lendemain. Malgré l'obscurité de la nuit et les signes non douteux d'un orage prêt à éclater, je me rendis immédiatement chez Oumar, qui parut aussi surpris qu'enchanté de mon empressement. Au reste, il n'était que temps de secourir le pauvre esclave, déjà condamné par les assistants. La morsure du reptile qui l'avait blessé[1] passait généralement pour mortelle. Des lotions d'ammoniaque et quelques compresses imbibées de cette substance tirèrent pourtant d'affaire ce pauvre diable, dont la guérison fut considérée par toute la maison de l'almamy comme un miracle.

Ma réputation de docteur me valut d'être appelé par un mari auprès de sa femme, dont l'état était plus que désespéré, car elle mourut avant d'avoir pu prendre la potion que je lui destinais; circonstance très-heureuse pour mon infaillibilité médicale. Ce décès me mit à même d'observer les rites funéraires de la contrée.

Au moment où l'on s'aperçut que la malade passait de vie à trépas, toutes les personnes présentes, amis, parents, captifs, éclatèrent en cris déchirants. « Voilà, pensai-je, une défunte qui laisse bien des regrets. » Mais à mes questions à ce sujet on se contenta de répondre que c'était l'usage. Ces lamentations durèrent environ un quart d'heure, puis sans transition aucune les cris cessèrent de s'élever et les larmes de couler, pour recommencer au moment où l'on enleva le corps. Tous les assistants, vêtus de blanc pour la plupart, l'accompagnèrent au lieu de la sépulture avec des alternatives semblables de cris et de silence. Quand il eut été déposé dans la fosse, ils se rangèrent tout autour, en murmurant de longues prières; saluèrent, chacun à son tour, la défunte en l'appelant par son nom, puis tous ensemble rejetèrent sur le cadavre la terre extraite de l'excavation, jusqu'à complet nivellement du sol.

Cependant le temps s'écoulait, et Oumar ne semblait pas vouloir entendre parler de mon départ. Je n'avais plus à craindre de sa part ces méfiances que le demi-sauvage nourrit si naturellement à l'égard de l'homme civilisé. Mais je craignais d'avoir dépassé mon but, et de lui être devenu nécessaire pour avoir trop recherché sa confiance et son affection.

Les interminables délais qu'il apportait à mon départ

de venaient d'autant plus à redouter pour moi, que nous étions définitivement entrés dans la saison des pluies. Chaque soir, déjà, éclatait un orage qui se prolongeait pendant toute la nuit. C'étaient des chutes d'eau du déluge, des éclats de foudre à ébranler la terre. Rien de ce genre, en Europe et même au Sénégal, ne m'avait préparé aux orages de cette région montagneuse; je défie l'homme le moins impressionnable d'en être témoin sans émotion. Bientôt chaque chute de pluie fut suivie pour moi d'un accès de fièvre.

Les débuts de cette saison, coïncidant avec l'ouverture des semailles et la reprise des travaux des champs, n'étaient cependant pas sans intermèdes pleins d'intérêt pour un Européen. Ainsi, avant d'envoyer ses captifs à leur besogne agricole, l'almamy leur accorda un jour de vacance et l'autorisation de l'employer à une pêche générale dans le Bafing et dans les cours d'eau poissonneux qui l'alimentent. Je fus attiré au bord du fleuve par les cris de joie qui s'en élevaient : une scène d'une nouveauté étrange m'y attendait. Hommes, femmes, enfants, éparpillés par groupes nombreux sur ces rives, piétinaient en cadence des amas de fosses de netté, puis, toujours chantant et dansant, les plongeaient dans les bas-fonds, dont ces détritus macérés ne tardaient pas à empoisonner l'eau par leurs sucs enivrants. Dès que les poissons à demi suffoqués apparaissaient à la surface, ils étaient percés de flèches par les hommes, ou enlevés dans de petits filets par les femmes et les enfants.

Ces pauvres gens devaient trouver dans leur capture, convenablement préparée et séchée, une ressource alimentaire précieuse pour les jours de labeur qui allaient suivre; aussi cette pêche était-elle pour eux une double fête, et me rappelait ces réjouissances publiques qui, chez les anciens, ouvraient toujours la saison des travaux champêtres.

Le 26 mai, je me rendis chez l'almamy pour le presser de nouveau au sujet de mon départ. Je lui rappelai ses promesses, lui parlai de mes accès de fièvre de plus en plus fréquents et violents; de ceux que venait d'éprouver Cocagne et du danger qu'il y avait pour un blanc à voyager pendant l'hivernage, etc., etc. « Je suis honteux, me répondit Oumar, de te retenir si longtemps. Je sais que le gouverneur n'agirait pas ainsi avec mes hommes, et que si ceux-ci lui demandaient à repartir le jour même de leur arrivée auprès de lui, le lendemain les verrait sur le chemin du retour. Mais nous autres rois des Foulahs, nous ne pouvons agir de la même manière; car autour de nous tout se fait lentement. Depuis longtemps ma seule occupation est de penser et de travailler à ton départ. Je touche à mon but; tu ne tarderas pas à te mettre en route. »

En terminant cette assurance, il me proposa pour le lendemain une promenade dans la campagne, que j'acceptai avec empressement, prévoyant bien qu'il ne la voulait pas faire à pied. En effet, le soir même, vers les neuf heures, comme j'étais déjà couché, j'entendis frapper à ma porte. C'était le griot de la cour et quelques autres affidés de l'almamy qui m'amenaient de sa part un cheval

---

1. C'est une vipère de forme cylindrique, dont l'extrémité anale n'est guère moins large que la tête, ce qui lui a valu dans le pays le nom de *serpent à deux têtes*. Peut-être est-ce une variété de la vipère *échidnée* du Gabon.

en grande pompe. Le griot, prenant la parole, me dit avec solennité que c'était un cadeau de l'almamy à l'envoyé du gouverneur de Saint-Louis. Il me fallut d'abord répondre à monseigneur le griot, puis entendre défiler comme un chapelet les discours de tous ses compagnons, jusqu'à celui du palefrenier de ma nouvelle monture, puis donner moi-même la réplique à chacun d'eux, et comme, suivant l'antique usage, ce cérémonial avait dû se passer devant le cheval, j'avais naturellement été forcé de sortir. Il en résulta naturellement aussi pour moi une suppression subite de transpiration, et le lendemain, une bronchite et un bon accès de fièvre. L'almamy dut exécuter sa promenade sans moi. Au retour, il vint me voir et parut très-affecté de mes souffrances, et, plus éloquemment que tous les raisonnements, elles plaidèrent auprès de lui pour hâter mon départ.

La fièvre ne me quitta qu'au bout de six jours. A partir du premier, je n'avais cessé de recevoir tous les matins un carry au riz couronné d'un superbe chapon. C'était une attention particulière de Mariam, la plus jeune des femmes de l'almamy. Lorsque je pus faire honneur à ce splendide menu et que je cherchai les moyens d'en témoigner ma gratitude à la donatrice, j'appris, non sans quelque étonnement, que nul bijou ou parure ne causerait autant de plaisir à cette dame, favorite d'un homme qui compte deux ou trois millions de sujets, que le don d'une paire de souliers. Il est vrai que le sol du pays est rude et que les chaussures nationales défendent peu de ses aspérités la plante délicate des pieds féminins. Heureusement j'avais, par hasard, plusieurs paires d'escarpins tout neufs. Je m'empressai d'envoyer les plus beaux et les mieux vernis à la bonne Mariam.

Ce cadeau eut des suites auxquelles j'étais loin de m'attendre et qui s'élevèrent presque aux proportions d'une affaire d'État. Les trois autres femmes de l'almamy ne purent voir d'aussi belles chaussures aux pieds de leur compagne sans en désirer de pareilles. Une conspiration féminine fut ourdie contre le repos de l'almamy et contre le mien, jusqu'à ce qu'Oumar eût demandé et obtenu de moi la promesse de faire exécuter à Saint-Louis des souliers vernis pour toutes ces dames. Le bon prince, glissant sur la même pente que ses épouses, ne put s'empêcher de me laisser entendre combien une paire de bottes d'un cuir aussi merveilleux lui serait utile et agréable. Je m'engageai à la lui procurer également; puis, suivi de Cocagne et du maître griot, j'allai gravement prendre la mesure du pied des quatre femmes légitimes de l'almamy du Fouta-Djalon. « Tu ne manqueras pas de *faire* mes souliers aussi jolis que ceux des autres, » me dit la plus vieille d'entre elles, en prenant au sérieux mon rôle de cordonnier. Je profitai de cette circonstance pour remercier Mariam des attentions bienveillantes qu'elle n'avait cessé d'avoir pour moi. Modeste et gracieuse, elle me répondit comme eût pu le faire une sœur de charité : « J'ai su que tu étais malade, je suis venue à ton aide; tout autre à ma place en eût fait autant! »

Le 7 juin, à midi, l'almamy me fit demander pour me remettre sa lettre pour le gouverneur. Quand nous eûmes causé quelques instants, il appela son porte-clef, qui arriva en cachant quelque chose sous son vêtement. « Quand un roi, me dit l'almamy, envoie une lettre à un autre roi, il faut, pour le respect qui est dû à cette lettre, qu'il mette quelque chose dessus. Donne, dit-il à son porte-clef (celui-ci lui remit une boucle d'oreille valant une centaine de francs). — Ceci, reprit-il, n'est pas un cadeau que j'envoie au gouverneur, c'est seulement pour la lettre. Des cadeaux que je puis lui envoyer, il n'en est aucun dont il n'ait plus que moi, surtout maintenant que je ne suis plus roi. Ensuite je sais que le gouverneur ne tient pas aux cadeaux. Ce qu'il veut surtout, c'est un bon commerce avec Kakandy et Sénoudébou. C'est cela qu'il considère comme un bon présent, et c'est ce qui fait que je ne lui en envoie qu'un bien petit, afin de lui prouver que le grand viendra à son tour et sans retard. Donne, dit-il de nouveau à son porte-clef (ici, nouvelle exhibition de trois petites boucles d'oreilles valant cent à cent vingt francs). — Celui qui sert à un homme d'interprète, poursuivit l'almamy, est une partie de lui-même; celui qui a partagé ses fatigues mérite une récompense : ceci est pour Cocagne. — Celui qui est venu de Saint-Louis ici et qui doit encore aller d'ici à Sénoudébou; celui qui, etc., mérite bien d'être dédommagé de ses fatigues : ceci est pour toi (deux à trois cents francs d'or). » Il me donna en outre deux jolies nattes, deux autres moins belles à Cocagne, plus quelques couvercles en paille pour la femme de celui-ci.

Je dis à l'almamy, en le remerciant de ses présents, qu'avec une partie de l'or qu'il me donnait, je ferais faire une bague sur laquelle son nom serait gravé, mais que je le priais de me laisser distribuer le surplus entre ceux de ses serviteurs dont j'avais le plus à me louer. Il se montra flatté de la première partie de mon discours, mais presque blessé de la seconde, et je compris que j'aurais tort d'insister

Adieux à Timbo. — Dernières paroles d'Oumar. — Mes compagnons de voyage. — Les épreuves du retour. — La fièvre. — Les croque morts et la famine. — Mon prédécesseur Mollien.

Enfin le 10 juin je me dirigeai vers la demeure d'Oumar, et cette fois pour prendre définitivement congé de lui. Il ne voulut pas cependant recevoir mes adieux avant que j'eusse pris le repas du matin, préparé comme d'habitude par la bonne Mariam. « Alors seulement, ajouta-t-il, je te laisserai aller et je t'accompagnerai jusqu'au bord du Bafing. »

A mon carry et à mon chapon de fondation, Mariam avait eu l'attention d'ajouter un dessert de luxe, un ananas superbe. Je ne pouvais partir sans aller faire mes adieux aux femmes d'Oumar. Je serrai affectueusement la main à la bonne Mariam, en la remerciant de toutes ses bontés et particulièrement de l'attention qu'elle venait encore d'avoir pour moi. Je lui fis présent d'une douzaine de boutons dorés qui semblèrent lui faire autant de plaisir qu'un collier de diamants en ferait à une Parisienne. Elle fit des vœux pour mon retour en bonne santé et

Portrait de l'almamy Oumar. — Dessin de Hadamard d'après M. Lambert.

Une esclave.   Une nièce de l'almamy.   Mariam, femme de l'almamy.

TYPES ET COSTUMES DE FEMMES DU FOUTA-DJALON. — Dessin de Hadamard d'après M. Lambert.

m'engagea à ne point l'oublier, que je dusse ou non revenir dans le pays. Je ne mentais pas en le lui promettant.

En quittant Sokotoro, je me sentis le cœur léger. J'ignorais quelles souffrances matérielles m'attendaient encore sur la route du retour, mais elles me semblaient devoir pâlir auprès des souffrances morales et de l'ennui que j'avais endurés pendant mon inaction. Désormais chaque pas allait me rapprocher de Saint-Louis et de la France, et c'était pour moi une grande consolation. Pendant mon séjour forcé, toujours seul avec moi-même au milieu de noirs qui ne pouvaient pas me comprendre, je tombais bien souvent dans des idées sombres qui revenaient m'assaillir aussitôt que je les chassais. Combien de fois ne m'est-il pas arrivé, à la chute du jour, de m'asseoir sur une des énormes roches porphyriques qui entouraient ma case et de laisser errer mon imagination en regardant les formes fantastiques que prenaient les nuages s'amoncelant au-dessus de ma tête. Je fredonnais un air qui me rappelait ma patrie absente, et je rentrais le cœur gros, en désespérant de jamais la revoir. Souvent aussi il m'arrivait de ne pas m'apercevoir que l'orage venait d'éclater, et sans Cocagne, qui me rappelait à la vie réelle, j'aurais continué à m'enfoncer dans mes tristes méditations. Ce sont là des souffrances qui peuvent paraître imaginaires, mais il faut s'être trouvé dans une position analogue pour pouvoir les comprendre.

Trois Foulahs devaient m'accompagner, comme envoyés d'Oumar, auprès du gouverneur. C'étaient Tierno Abdoulaye, Alpha Mahmouden et un jeune homme nommé Sori. Un quatrième, Tierno Ibrahima, autre affidé de l'almamy, devait me quitter en arrivant chez le chef du Tangué, dernière province du Fouta. J'avais pour porteurs trois Djaloukés et trois forgerons. Ces derniers devaient être remplacés par des hommes qu'on me donnerait à Timbo. Les Djaloukés, comme vaincus, les forgerons, comme appartenant à la classe des métiers, sont taillables et corvéables à merci par les principaux chefs du pays.

De dix heures à onze heures un quart, nous nous arrêtâmes sur les bords du Sénégal. Là Oumar me renouvela toutes les promesses qu'il m'avait faites au sujet de nos relations commerciales. Il donna en ma présence des ordres aux hommes qui devaient m'accompagner. Il leur dit de m'obéir en tout comme à lui-même. Puis nous traversâmes la rivière dans une pirogue, et nous nous fîmes nos adieux. « Almamy, lui dis-je, je te remercie mille fois de la façon dont tu m'as traité. Tu m'as soigné comme un père soigne son fils. Aussi, que je reste en Afrique ou que je rentre dans le pays des blancs, jamais je ne t'oublierai, et mon plus cher désir sera de revenir te voir.

— Si je t'ai traité comme un fils, me répondit-il, c'est que je t'aime comme un fils, et ce sera un bonheur pour moi de te revoir. Je te recommande les enfants de mon peuple que j'envoie avec toi : ils sont jeunes, mais les jeunes ont quelquefois plus de tête que les vieux. Ce sont de bons jeunes gens, et je suis persuadé qu'ils se conduiront bien à Saint-Louis. Dans tous les cas, veille sur eux. Là-bas ils ne connaîtront que toi, ils ne compteront que

sur toi; remplace-moi auprès d'eux; tiens-leur lieu à la fois de père et de mère. » Je lui promis d'avoir pour eux les mêmes soins qu'il avait eus pour moi. « Adieu, lui dis-je; puis, lui prenant la main dans les deux miennes : Que Dieu te donne la santé et te protége comme tu le mérites. » Il me fit à peu près le même souhait, et nous nous séparâmes. J'avais remarqué qu'au moment de se quitter, Abdoulaye et l'almamy s'étaient tracé des caractères dans la main l'un de l'autre : c'était le nom de Dieu, auquel ils se recommandaient mutuellement.

C'est ainsi que je m'éloignai de Sokotoro après un séjour de six semaines et que je repris le chemin de Saint-Louis, dont me séparait déjà une absence de quatre mois. Je revis successivement Timbo, Porédaka et Faucoumba, où je retrouvai l'almamy Sori Ibrahima. Tous les chefs influents de son parti étaient en ce moment réunis dans cette bourgade. Je reçus de presque tous un accueil poli, sinon sympathique. Seul, parmi ces pairs, le chef de Labé me témoigna une hostilité ouverte et refusa de me voir.

Le 16 juin, dans l'après-midi, l'almamy fit battre le tambour pour rassembler son monde. Il m'avait fait dire de me tenir prêt, qu'il me ferait appeler quand l'assemblée serait formée, mais le chef de Labé refusa de s'y rendre si j'y devais paraître. Tout était terminé quand on me fit venir. Sori m'engagea néanmoins à aller voir le chef de Labé, mais je lui répondis :

« Je me suis déjà présenté chez lui, et il n'a pas voulu me recevoir. Je suis chef comme lui, et s'il veut me voir maintenant, il se donnera la peine de venir chez moi. »

Quand j'eus fait mes adieux à Sori, il engagea Tierno Ibrahima à rester le lendemain auprès de lui, sous le prétexte de lui donner le présent qu'il me destinait.

« Moi aussi, me dit-il, j'ai quelque chose à te donner. »

J'attends encore son cadeau. Comme je l'ai déjà dit, Sori Ibrahima est un piètre roi, bien avare et pourtant bien misérable. Son attitude envers moi respirait la gêne. De temps en temps brillait dans son regard un éclair de férocité mal déguisée. Sans la crainte que lui inspirait Oumar, j'aurais certainement beaucoup eu à me plaindre de lui. Du reste, dans la tourbe de ses partisans rassemblés à Faucoumba, je ne pouvais espérer de la sympathie. Un homme fut jusqu'à dire derrière moi, au moment où je me rendais à l'assemblée des chefs : « Voilà deux hommes (mon interprète aussi était en cause) dans le dos desquels mes balles seraient mieux placées que dans les deux canons de mon fusil. » Cocagne eut le tort de ne me parler de ce fait que trop tard; sans cela j'eusse immédiatement exigé de l'almamy une satisfaction qu'il n'aurait pas osé me refuser.

Entre Faucoumba et Kébali je retrouvai la Falémé près de l'endroit où je l'avais franchie deux mois auparavant. Mais son niveau avait monté de plus d'un mètre, et son courant se précipitait avec une violence qui révélait la pente rapide du sol qu'elle arrose. On la traverse en cet endroit sur un tronc d'arbre jeté sur son cours en manière de pont; presqu'à fleur d'eau, il menaçait à chaque instant d'être entraîné par le courant. Malheur au passant auquel le pied glisserait sur cette passerelle chancelante; il serait broyé par le torrent. Cocagne ayant été obligé d'aller fort loin de là chercher un point guéable pour mon cheval, le passage de cette rivière nous coûta près de deux heures.

A quelques kilomètres au delà de Kébali, je quittai la route de l'ouest, qui m'eût ramené à Kakandy, pour prendre celle du nord qui devait me conduire dans le Bondou. Le 22 juin je passai à deux kilomètres de Labé, dont je fixai la position par une suite de relevés. La mosquée, quoique recouverte de chaume comme une simple case, se voit de bien loin. Labé est la ville la plus considérable du Fouta-Djalon. D'après ce que je vis et d'après les renseignements qu'on me donna, elle ne doit pas avoir moins de dix mille âmes.

Deux motifs m'empêchèrent d'entrer à Labé : d'abord l'animosité du chef actuel, et surtout une coutume qui, à ce qu'il paraît, défend l'entrée de la ville aux Européens. Ni M. Hecquard ni M. Mollien n'y ont pénétré plus que moi. Les habitants, dit-on, nourrissent à l'égard de la rivière qui entoure la ville, et qui sortie du mont Kolima va à la Falémé sous le nom de Doumbelé, une superstition qui ne leur permet pas de la laisser voir aux hommes blancs.

Le 24 au matin, au sortir de Kessenra, je contournai le mont Tontouron, jusqu'au village du même nom, et traversai la ligne de faîtes qui sert de séparation au bassin du Kakriman et de la Gambie. Les sources principales des ces deux rivières jaillissent de ce pic de Tontourou. Leurs deux vallées, comme celles du Sénégal et de la Falémé, ne sont séparées que par un pli de terrain. Après le village, je traversai la Gambie qui, alors, a pris définitivement le nom de Dimma, nom que lui conservent les indigènes jusqu'à son embouchure. Ce n'est pourtant là qu'un mince filet d'eau que l'on traverse sur une passerelle formée avec un seul tronc d'arbre. Arrivé à Toulou, au milieu du jour, j'y fus saisi par un tremblement nerveux qui me fit beaucoup souffrir. A partir de mon arrivée dans ce village, mes souvenirs sont demeurés confus.

Je ne me rappelle point mon départ du lendemain. Je sais seulement que je faillis rouler dans un ravin, en essayant de le descendre seul. Mes hommes s'empressèrent de me relever. Aussitôt, mon tremblement nerveux devint si violent que je poussai des cris, en les suppliant de me remettre à terre. Mais comme il pleuvait à torrents et que les chemins étaient transformés en véritables ruisseaux, ils prirent ma demande pour des paroles de délire. La violence du mal me fit perdre connaissance. Cocagne me raconta que Koly et lui me rapportèrent jusqu'à Toulou, où je restai cinq jours entre la vie et la mort.

Je ne repris connaissance que le 30 au soir. Dans le premier moment, les noirs qui m'accompagnaient me crurent mort, et (toujours d'après ce que me raconta Cocagne) tous se mirent à pleurer. Puis, quand ils eurent épuisé leurs larmes, ils jugèrent convenable de m'enterrer séance tenante; je ne dus d'échapper à ce zèle intempestif qu'à un faible battement du cœur, que mon fidèle interprète Cocagne parvint à constater.

Quelques jours après, quoique hors de danger, je frémissais encore d'horreur, en songeant au sort qui avait failli m'être réservé. Je recommandai à tous ces braves gens de m'enterrer comme un simple griot, dans un creux d'arbre, si je venais à mourir avant d'avoir pu atteindre Sénoudébou.

Quand je revins à moi dans l'après-midi du 30, je fus fort étonné de voir à mes côtés un homme noir d'une taille gigantesque. Dans l'état où je me trouvais, cette vision m'eût effrayé, si je n'avais été rassuré par la vue de l'ameublement, qui me parut composé d'une pendule, d'une armoire et d'un immense compas; c'étaient simplement ma montre, le sac contenant mes notes et ma petite boussole de poche, et le géant noir n'était autre que mon fidèle Cocagne. Mes yeux, injectés de sang, me faisaient percevoir les objets dans des proportions exagérées. Mais cet état dura peu, et, chose étrange, une demi-heure après être sorti de ce long évanouissement, je pus partir pour la chasse, ne ressentant plus qu'un peu de faiblesse et une douleur à la nuque qui ne m'abandonna que longtemps après.

En quittant le village de Toulou, j'avais devant moi dans le nord-est les monts Pellat et Soundoumali, dont les flancs donnent naissance à de nombreux affluents de la Gambie et du Rio-Grande. Le dernier paraissait s'élever à huit ou neuf cents mètres au-dessus du sol d'où je l'observais, ce qui doit donner au moins trois mille mètres d'élévation au-dessus du niveau de la mer. Peut-être cette estimation reste-t-elle au-dessous de la vérité, car le Soundoumali passe pour une des plus hautes montagnes de la contrée, et, d'après l'assertion réitérée d'Oumar, la neige séjourne sur les principales cimes de son pays à la fin de la saison des pluies. Ce phénomène devrait donner, pour les pics où il se manifeste, un niveau identique à celui des sommets du Samen (Abyssinie), situés sous la même latitude et dont l'élévation absolue atteint quatre mille mètres.

La chaîne, dont les monts Pellat et Soundoumali sont en quelque sorte les piliers avancés du côté du nord-est, décrit autour des sources du Rio-Grande un arc de cercle correspondant à celui dont elle circonscrit à cent cinquante kilomètres de là, le cours naissant du Bafing. C'est entre ces points extrêmes que tous les grands cours d'eau de la Sénégambie prennent naissance. L'intervalle même qui sépare les sources les plus élevées du Sénégal et du Rio-Grande n'est pas de la moitié de cette distance, et c'est de ce massif central que découlent d'un côté la Gambie et la Falémé, de l'autre le Tominé, le Kakriman et le Kokoulo.

Le tableau suivant des coordonnées géographiques des principales sources, donnera une idée assez exacte de ce singulier réseau fluvial :

	lat.	long.		
Sénégal.	10°50′	13°40′	coulant au	N. E.
Falémé	10°48′	14° »	—	N. E.
Gambie	11°27′	13°43′	—	N.
Rio-Grande	11°28′	13°43′	—	O.
Kakriman, ou Kissi-Kissi.	11°23′	13°42′	—	S. S. O.

Quarante-deux ans avant moi, un de nos compatriotes, M. Mollien, poussé par la passion des voyages et sans autre appui que son ardeur juvénile, pénétrait dans les anfractuosités de ce grand réservoir des eaux sénégambiennes, les révélait à l'Europe savante, et ouvrait ainsi l'ère des découvertes qui n'ont cessé depuis lors de modifier l'orographie de l'Afrique et surtout le système des eaux de ce continent. Les erreurs que ne put éviter M. Mollien, et les défectuosités de son itinéraire, sont peu de chose auprès de celles qu'il fit disparaître des cartes existantes. Elles s'expliquent autant par la pénurie d'instruments et de ressources à laquelle il était condamné que par le mystère dont il devait entourer ses pas et ses démarches au milieu d'une population méfiante, qui, plus d'une fois, chercha à le faire périr pour s'emparer de ses marchandises et surtout de ses journaux.

Je ne doute pas que son souvenir ne soit encore vivant dans plus d'un ravin de ces montagnes. Un jour, à l'improviste, un vieillard des environs de Labé me parla d'un jeune Français dont l'apparition aux temps de son enfance, à lui, avait troublé le cœur des femmes et du peuple et éveillé les soupçons des chefs et des marabouts. Je re-

Vue de la rivière Falémé. — Dessin de Sabatier d'après M. Lambert.

gretterai toujours que la mort récente de M. Mollien m'ait privé du plaisir que j'aurais eu à lui transmettre ce témoignage lointain des actes et des souffrances de sa jeunesse.

La route du retour ne fut guère moins pénible pour moi qu'elle ne l'avait été pour mon prédécesseur; les longues marches sous un soleil brûlant ou sous des torrents d'eau, avec la fièvre dans les veines, les traversées de rivières grossies par les pluies et de déserts sans abri et sans nourriture, les attaques de brigands armés et les horreurs de la famine subies pendant de longs jours, toutes les misères enfin qu'essuya M. Mollien entre le Rio-Grande et Géba, m'attendaient sur les bords de la Gambie, dans les marches sauvages qui séparent le Fouta-Djalon du Bondou. Dans ce premier royaume, notre allié, presque notre vassal, mais qui saigne encore, à ce titre, des plaies que lui a faites Al-Hadji, je serais mort de faim et de fatigue, avec tous mes compagnons, si le commandant de Sénoudébou, averti à temps, n'eût envoyé à notre secours des hommes et des provisions. A Sénoudébou je retrouvai le drapeau et la terre de France.

LAMBERT.

www.ingramcontent.com/pod-product-compliance
Lightning Source LLC
Chambersburg PA
CBHW061612050726
47595CB00007B/2914